JN234007

# 現代日本家族論

第二版

飯田哲也 著

学文社

# 改訂版に寄せて

　本書の「あとがき」に書いてあるような執筆過程の事情によってやや不充分で不親切な書き方になったが，「活字として公表したもののみがすべてある」という研究者としてはやはり気がかりであった。また「はしがき」で教養書，入門書，専門書のいずれでもないと書いたことにたいして，ある先学から「専門書以外ではない」とコメントをいただいたが，いろいろな読み方のなかで，研究者の反応もさることながら，学生や一般社会からの反応を私は重視した。真面目に学習している大学生，本書をきっかけとして多くなった市民講座，一般雑誌からの原稿依頼などの好意的な反応について考えると，やはり「分類不明」なままで出版社からの改訂版の話に応じることにした。
　この数年間，日本の家族をめぐる状況について考えてみると，現実的には私の言う「家族の危機」がさらに進んでいるようである。他方，私の言う「家族論の氾濫」も相変わらず続いている。そこで，どのような加筆・修正が必要か，本書の中身を慎重に検討してみたが，基本的な見方・考え方については修正の必要がないと判断した。加筆・修正については3つのことを言っておいた方がよいであろう。不親切さを正す意図もあって，細かい加筆・修正は本書の3分の1のページに及ぶことになったが，1つは，再校と似たような加筆・修正である。ただし「生活費用」を「生活経済」に，「生活水準」を「消費水準」に修正したことは，私の現時点での見解によるワード変更を意味している。
　次には，先に述べた不親切さを多少とも解消する意味での加筆である。例えば家族病理・家族問題について，代表的な見解であるとしながらも，山根見解と湯沢見解の説明をあまりにも圧縮し過ぎており，読者にとってはそれらの見解がきわめて分かり難いものになっていることへの反省による加筆である。
　そして第3に，終章については項を新たにおこして加筆したことが，ある意味ではこの改訂版の大きな特徴である。私は1990年代に入ってからは，民主主

義にもとづく「自由な家族形成」をはっきりと主張している。しかし,「自由な家族形成」とは,自分勝手に家族をつくることでもなければ,社会的現実と無関係に家族生活を営むことでもない。家族の行方については,そのような意味で理論的思惟をふまえて具体的な家族像は各人の自由に委ねるというのが,私の真意である。しかし,その後のいくつかの「専門家」の言説のなかには,自分勝手な・現実無視の意向表明がかなり認められるのである。現にある家族を批判することを家族の存在そのものを批判することと同じであるような帰結になることは理論的ではない。現にある家族の諸問題を家族自体の問題とすることは家族否定論を意味する。もう少し具体的な問題提起をしておこう。

最近では,子どもを産む・産まない自由あるいは権利という問題の立て方がマスコミなどで取り上げられている。この問題についての言説では,私の知るかぎりでは当人の主観的意図はともかくとして,理論的に考えてみると,自分勝手で社会が視野にないようである。前提として,1つの社会の人口の再生産をどのように考えているかを明確にして問題を立てる必要がある。人口の再生産と子育てを射程に入れた論議が必要であろう。自然的には哺乳類に属していて,家族に代って子育てができる集団・機関がまだないという現実がある。次に,「自分が子どもを産まなくても,3人,4人,それ以上多く産むひとがいる」という個人的言説がある。出産・子育てが労苦の多い大変な仕事であることは大抵の人は知っているであろう。この仕事はすべての人間(女性ではない!)が分担する仕事であろう。子どもが産まれないのなら致し方がないが,上に挙げた言説は自分勝手以外のなにものでもない。私のこのような批判的見解にたいしては,専門家ではない方々からはかなり賛意を得ている。

社会的現実が視野にない意向表明の例はこれ以外にもあるが,理論の大事さについてやや具体的に大幅に追加したのは,＜自由＝自分勝手＞ではないことが家族生活にとってとりわけ重要だからである。理念先行ではないかたちで理論的にきちんとした論議が起こる1つの契機になれば幸いである。

2001年2月

飯田　哲也

# まえがき

　本書は大学生，大学院生，家族研究を専門としない人たち，そして社会人のために執筆したものである。いわゆる教養書でも入門書でもないが，専門書でもないのである。これまでの一般的な分類の仕方からすれば「では何だ？」ということになるのであろうが，〈まえがき〉としては型破りの回想風に書き出すことから，本書の性格と狙いを語ろうと思う。

　「家族社会学」あるいは「家族論」という講義をはじめてからもう25年になるが，大学の講義よりは社会人あるいはそれに近い人たちに講義をしたことの方が多いという感じを持っている。はじめて家族社会学という科目の講義をしたのは名古屋大学付属助産婦学校である。それまでは主に19世紀のドイツ社会学の研究に取り組んでいた私は，大学でのゼミ生への論文指導の経験を手がかりとして半年ばかり準備したが，その「貯金」がすぐに底をつくのは当然であった。だから，それまでの家族社会学および日本の家族の過去・現在を必死に勉強しながら，しかも独自性を出そうとして自転車操業的に講義が続いた。コピー文化がいまだしの時期なので，手書きのノートが次々に埋まっていったことを思い出すと，コピーやパソコンが普及した今は大分怠け者になっているとも思う。これに加えて名古屋市の家庭婦人学級の講義をしたのが1975年の国際婦人年のことであった。まとまりのない研究ノートがあるだけの私にテキストを使うことが名古屋市の要請であったので，講義がはじまるまでテキスト用の原稿書きに没頭する日々が続いた。受講する女性たち，当時は30代と40代の女性たちが，荒削りの私の原稿を清書して毎週ガリバン刷りするという大変な作業をすることによって，講義が成り立っていたのである。これもまた半年くらいかけて準備した原稿のストックがじきになくなり，講義の後半は毎週の文章化と講義の前日のガリバン刷りという自転車操業が1年間も続いたのである。その講義録に加筆・修正してできあがったのが私の最初の著書『家族の社会学』

であり，あの時に受講した女性たちが私をまがりなりにも家族の研究者にしたと言ってもそれほど言い過ぎではなく，20年後の今でも時々想い出すとともに感謝もしている。

　大学で家族についての本格的な講義をするようになったのは1980年代に入ってからであるが，周知のように大学は完全に大衆化していて，少数の学生をのぞいては，大多数の学生にとっての講義は，それから何かを学ぶのではなくてただ単位をとるための手段になっているのである。だから，残念なことだが，大学生からの反応は受講者のほんの一部分を除いてはゼミの学生の反応からしか多くを期待できないのである。最近になって，京都府保健婦専門学校，京都府看護婦研修，京都府保健婦研修などで講義を引き受けるようになったが，社会人ないしは半ば社会人の反応は大学生とは明らかに違うのである。このことは大学教育がいまや形骸化しつつあるのかもしれないという危惧を抱かせるものであるが，それはともかくとして，私の注意を惹いたのは彼女たちの反応の仕方である。1つは，一般社会の生活と具体的なかかわりの少ない大学生と違って，単なる知識としてではなく自分自身の日々の生活とのかかわりで講義に臨むという姿勢である。もう1つは，これは大学生も同じであるが，マスコミ報道や「専門家」といわれている人たちの言説を鵜呑みにしないことを，事実で示したことにたいする新鮮な驚きの反応である。このことについては，私自身の言説についても簡単に鵜呑みにしないことをことわっていることは言うまでもない。これが，1昨年に著書『家族と家庭』を出版してからわずかの期間をおいて本書を執筆する直接の動機である。

　『家族と家庭』は，社会的激変と社会科学の現状認識を念頭に置いて，発想の転換の主張にもとづいて，日本人の家族の常識，マスコミや一部専門家の常識に反する主張で貫かれている。と同時に私の「夢」がその背後に見え隠れしているものである。「常識」への疑問は20年前から一貫して提起し続けており，本書もまたそうである。しかし，かつては家族の起源から理論的に説き起こしていたのにたいして，この書では，戦後日本社会についての現実認識を徹頭徹尾重視することにした。

さて,『家族と家庭』で発想の転換を主張し,〈はしがき〉では「社会的激変のなかで旧いアカディミズムにしがみついている時代ではなくなった……, しかし,そのことはアカディミズムそのものを捨て去ることを意味しない……」と書いたが, これまでの知的遺産を一方では受け継ぎながら, 社会的現実の変化に対応する新たな発想が必要であるという当たり前の主張なのである。その当たり前のことが本当になされているだろうか。このことをもう少し具体的に考えてみよう。現在の家族を見る場合, 少なくとも戦後50年の変化をふまえている必要がある。もしそうでないならば, 単なる時事問題的論述に過ぎないであろう。と同時に, 日本の家族について考えているとしたら, 日本独自の現実にもとづく見方が必要であろう。外国の見解の導入だけならば, 一体どこの国の家族について論じているのかはなはだ疑問である。前者については, 家族の「現在」を論じる場合に相対的に多く, 後者については, 理論なり視点について論じる場合には圧倒的に多い。本書を『現代家族論』ではなくて『現代日本家族論』という書名にしたのは, そのような家族論の性格が多いという動向についての思いが背後にあるためである。そこで, 家族の変化と問題性を日本社会の変化と全体としての国民生活の動向とかかわらせながら戦後50年の変化をトータルに捉えなおし, 対応する現実についての見方を検討することを通して今後の課題と方向を示そうというのが, 本書の基本的な狙いである。

　序章と第1章は, 専門家にとっては当たり前のことにすぎないが, 導入部として日本の家族および家族論についていろいろな角度から考えてみることをうながすことによって, 家族論のおもしろさの意味とその方向を示すことに当てられている。第2章では, 日本社会の変化と国民生活・家族生活の変化を「民主主義」という視点から整理しつつ現実的課題を確認していくことが試みられている。第3章では, そのような現実的変化と課題にたいしての家族論の流れが概観されている。第4章と第5章は, 知的遺産としての論点を明確にする検討に当てられている。終章では, 前の章までの家族論に加えて新しい動向について検討しつつ, 自論について述べるという展開になっている。

　このような構成による本書の性格は, 全体を通して民主主義という価値選択

にもとづいて論じていることである。本文でも具体的に述べているが，民主主義という視点から考えるということは，〈人間みな平等〉ということおよび〈人間が歴史・社会をつくる〉ということの2つのメルクマールによって考えるということを意味する。民主主義をどのような内実のものとしておさえるかについての見解の違いはあるであろうが，人類が歴史的に獲得してきた普遍的価値とも思われる民主主義そのものを否定する者はおそらくあまりいないであろうし，民主主義の主張をイデオロギー性をもつと見なすことは，客観的には民主主義を否定するというイデオロギーにつながると私は考えている。家族生活は日常生活そのものであるが，現代日本では日常生活のなかに民主主義がきわめて希薄になっていると思われる。日常生活での振る舞いに民主主義が失われていくと，自分のかかわっている集団・組織，さらにはいろいろな社会生活の分野での民主主義が失われていくであろう。そして，その結果としてもっとも重大なことは，政治をはじめ日本社会全体の民主主義が失われていくことに，国民の大部分が無関心・無感覚になることである。

　民主主義について上に述べたことは，とりたてて新しい考え方ではない。多くの日本人が忘れているかもしれないが，戦後日本はそこからスタートしたのである。「すべての人間が，自分自身の才能や長所や美徳を十分に発揮する平等の機会を持つこと……」「それは，政治の原理であると同時に，経済の原理であり，教育の精神であり，社会生活全般に行きわたって行くべき人間の共同生活の根本のあり方である」。そして，「納得の行ったところ，自分で実行できるところを，直ちに生活の中に取り入れて行っていただきたい。……人間の生活の中に実現された民主主義のみが，ほんとうの民主主義なのだからである」

　上に引用した文は，1948（昭和23）年に中学生の教科書として発行された文部省著作『民主主義』（上下2冊本）のなかにあるものである。

　50年近くが経過した現在，いろいろな社会・生活分野で「危機」の指摘が多くなってきている。そのように思われる状況の原因のすべてではないにしても，民主主義のスタートにあたって文部省が強調した「生活の中の民主主義」の実現がおろそかになっていることが大きな原因の1つである，と私は考えている。

このような思いにしたがって，本書は家族社会学ではなくて家族論として執筆したのであるが，そのような民主主義の考え方が貫かれているかどうかは読者の判断に委ねられる。貫かれていない，あるいは，不充分であることについての御批判・御教示を望んでいる。

執筆をはじめるにあたって（1995年12月）

飯田　哲也

# 目 次

## 序 章 現代家族論への誘い……………………………………………1
### 1 家族の現在と家族論……………………………………………2
▼見えにくい家族の現在……2／▼家族論の氾濫……4
### 2 現代家族論の展開の仕方について………………………………6
▼3つの疑問……6／▼どんな見方が必要か……8

## 第1章 多様な現代家族論………………………………………12
### 1 現代家族論はいろいろある……………………………………13
▼いろいろな家族論……13／▼なぜ家族論が多いのか……16
### 2 現代家族論はむずかしい？……………………………………18
▼やさしさとむずかしさ……18／▼具体例で考えてみよう……21
### 3 現代家族論はおもしろい………………………………………23
▼おもしろいということ……23／▼おもしろくするには……25
### 4 事実と見方について考える……………………………………27
▼見方によって違って見える事実……27／▼多面的・総合的な見方が必要だ……29

## 第2章 現代日本の家族生活の変化……………………………33
### 1 敗戦によってどんな変化が起こったか………………………34
▼戦後改革と日本社会の変化……34／▼経済政策と飢餓的貧困……38／▼「家」制度の廃止をめぐって……40
### 2 高度経済成長は何をもたらしたか……………………………43
▼体制の確立と経済成長……43／▼家族生活の変化……45／▼その他の生活の変化と社会問題……48／▼民主主義の前進と後退……51
### 3 いま，家族はどうなっているか………………………………54
▼「ポスト成長期」と社会的変化……54／▼「生活の社会化」と家族……

57／▼「問題状況」としての家族生活……60／▼家族政策は大事なポイント……64

## 第3章　家族論の流れ……………………………………………………71
### 1　1965年頃まで………………………………………………………72
▼「家」制度の廃止への迫り方……72／▼模索の家族社会学……75／▼経済的貧困の捉え方……77／▼その他の家族論……80
### 2　1975年頃まで………………………………………………………83
▼内部分析の家族社会学……83／▼家族問題・家族病理への注目……87／▼新たな動向が現れる……90
### 3　1970年代後半以降…………………………………………………93
▼多様化する家族論……93／▼女性がクローズアップ……95／▼評論は花盛り……98

## 第4章　現代家族論の焦点（1）…………………………………………103
### 1　家族社会学の家族論を考える………………………………………104
▼家族論としての家族社会学……104／▼核家族論に意義があるか……107／▼家族社会学の3つの立場……110／▼内からの反省の性格……113
### 2　女性論と同伴する家族論……………………………………………114
▼女性論と家族論……114／▼女性論から共生論へ……117／▼家族社会学の多様化……119
### 3　民間研究所が語りはじめた…………………………………………122
▼生命保険文化センターによる家族論……122／▼その他の家族論……123

## 第5章　現代家族論の焦点（2）…………………………………………127
### 1　女性学・フェミニズムから学ぶ……………………………………129
▼フェミニズムの主張をめぐって……129／▼女性学の性格について……131／▼問題点と課題について……134
### 2　評論的家族論の課題提起……………………………………………137
▼代表的見解について……137／▼課題提起をどう受け止めるか……139
### 3　家族政策をめぐって考える…………………………………………141

**終　章　現代家族生活の展望**……………………………………… 147
　1　現代家族論をどう解読するか……………………………… 148
　　▼「全体としての家族」を捉える動向…… 148／▼家族の現在とは…… 153
　2　家族生活の行方について考える…………………………… 158
　　▼家族の行方の論じ方…… 158／▼現実的条件への着目…… 160
　3　理論はやはり大事…………………………………………… 164
　　▼理論について…… 164／▼理論的に何が大事か…… 167

**あとがき**……………………………………………………………… 171
**事項索引**……………………………………………………………… 174
**人名索引**……………………………………………………………… 178

# 序章　現代家族論への誘(いざな)い

　現代日本の家族生活が大きく変化しており，一方では以前にくらべて自由な家族生活が営めるような条件がよくなってきていると同時に，他方ではそれらの条件の変化にともなういろいろな問題を抱えていることについては，日常生活の狭い体験でも，マスコミ報道を通しても，そしてまた専門的研究のなかでもおおかたの認めるところである。家族の現在について漠然とはこのように言えるのであるが，「全体としての家族生活」は，実際のところ具体的にはどうなっており，そしてどんな方向へ進んでいくのであろうか。現代家族論はそんな関心からスタートすることになるが，そのような関心に全面的に応えようとするのが家族社会学である，と私は考えている。そこで家族生活の研究動向や家族論についての現状を簡単に確認し，現代家族論の展開の仕方について，社会学の立場より述べることからはじめようと思う。

　現代家族論は，いろいろな学問分野から論じられているとともに，評論というかたちでも論じられているが，この論考の性格は家族社会学の立場からの現代日本家族論であると言ってよいであろう。我田引水かもしれないが，理論的立場の違いがあっても，家族社会学ほど具体的現実を重視して家族を論じるものはないと言えるからである。次に，あとでいろいろと紹介・検討するように，現代家族論と一応は言えそうなものが実にたくさんあるが，そのすべてをフォローすることは，ひとりではおそらく不可能であり，また大同小異のものをすべて取り上げることにはあまり意味がないであろう[1]。しかし，家族の現在についての基本的な見方の違いや理論的立場の違いがはっきりしているものについては，論点がわかるように可能なかぎり異なった見方や理論に触れたいと考えている。当たり前のことかもしれないが，このようにわざわざことわるのには理由がある。1つは，現代家族について論じる場合に，ある特定の傾向があたかも一般的な傾向であるかのような，あるいはまた部分的な事実が全般的な

状態であるかのような印象を与えかねない論じ方が多いと思われるからである。例えば，大学生の試験の解答にそのことがよく出ているのである。というのは，講義にはおそらくほとんど出席していないと思われる一群の学生たちが「試験勉強」としてどんな本を読んだかということが解答のいくつかのパターンによってわかるからである[2]。私の意図としては，現代家族論とはそんな単純なものではないということを強調したいのである。そのような意図をもって，現代家族論への扉を開けようと思う。

## 1 家族の現在と家族論

### ▼見えにくい家族の現在

　日本の家族は，高度経済成長が始まる頃まではまだ「家」であり，その後は欧米型のいわゆる「近代家族」としての「核家族」に移行したかに見えるようになり，このような見方が専門家のなかでは半ば常識となり，行政やマスコミでも核家族という表現を採用することによって，この言葉は日常語になっていった。つまり，常識的な考えでも専門家のなかでも，このような見方に大きな違いはなくなったことを意味する。家族社会学では高度経済成長期頃から，核家族にもとづく見方を前提とするものが多くなり，現在でも相対的に多数であると思われる。それゆえ日本では「家族とは何か？」という一般的な問いについてはあまり議論されてこなかった。

　しかし，日本社会では欧米型の「近代家族」が実際の家族生活にかならずしも定着したわけではなかった。一方では家族関係や親族関係に「家」的なものが残っており，日本ではそのような「近代家族」が確立してしまっていないにもかかわらず，他方では「近代家族のゆらぎ」とか「近代家族の終焉」という見方が出てきている。それが一種の論理矛盾を含んでいることは問わないとしても，そのような見方に典型的に示されているように，これまでの一般的とされていた定義あるいは当然と思われていた見方，具体的には〈婚姻・血縁家族〉[3]としての「近代家族」を暗黙の前提とした見方にたいして，さまざま

な異論がでるようになってきている。しかも，家族否定論（あるいは無用論）も含めて，これまでは当たり前と思われていた家族の見方にたいして，それを根本からくつがえすような異議申し立てが出てきたのであるが，だからといって，はっきりした見方がかならずしも確立されているわけでもない。一言で言えば，家族をどのように定義しても，その定義が多様に見える実際の家族すべてにわたって当てはまらないように思われる状況にほかならない。

　ところで，高度経済成長にともなって日本社会や日本人の生活が大きく変化し，その過程で家族生活もまた当然変化したが，その変化には光と影の両面があるように思われる。光の面としては，家族と個人との関係において個人がより自由になるとともに，経済的条件が格差をともないながらも上昇したことであり，一般的には家族生活がしやすくなったことである。影の面としては，この「自由」と「豊かさ」のなかで経済的貧困問題を多少は残しながらも，「豊かさ」にともなういろいろな問題が単なる経済的問題とは違ったかたちではっきりと出てきたことである。例えば，大人も子どもも忙しすぎる，仕事や勉強以外の人間関係が少なくなっている，つまり，生活に〈ゆとり〉が乏しくなったことを容易に思い浮かべることができるであろう。このような状況はほぼ1960年代の後半頃から進展していくのである。

　そのような状況の進展に照応して，家族論では1970年代から80年代にかけては，家族生活の変化と問題について論じられることが多くなったが，その取り上げ方の多くはトピック的なかたちをとっており，とりわけマスコミでは興味本位に取り上げられていることが目立つようになる。問題の深刻化を「危機」とする見方が出てくるのは80年代に入ってからである。ところが，80年代末そして90年代に入ってからは，一方では，家族生活についてのトピック的取り上げ方が相変わらず続いており，しかもますます多くなっているが，他方では，戦後50年の家族生活の推移や家族の見方を根本的に捉え直す試みが，それまでとは違ったかたちで出てきているのである。家族生活についての論じ方にこのような変化がなぜ出てきたのであろうか。2つの理由を指摘することができる。1つは，「全体としての家族生活」が見えにくくなっていること，したが

って，今後の家族の行方についても見通しがむずかしくなっていることである。もう1つは，すでに指摘したように，これまで当たり前と思われていた見方への根本的な異議申し立てがいろいろなかたちで出てきていることである。とりわけフェミニズムに代表される両性の実質的平等を主張する立場からは，重要な視点や課題が提起されている。そのような新たな試みあるいは挑戦があるなかでも，家族論と思われるものは多様であり，いろいろな事実にもとづいて反対の主張や結論づけがかなりばらばらにおこなわれていることが，家族の現在のわかりにくさに拍車をかけているようにも思われる。

#### ▼家族論の氾濫

　見えにくくなっている家族生活をめぐる現実と新しい見方が提起する課題に応えることが求められていることに照応して，ここ10年ばかりの研究動向や論調について，一定の変化が見られる。そのような課題に対応しようとする家族論として，新たな視点から家族の現在を見直そうとする試みが出てきていることもあるが，他方ではそのような課題には対応していないと思われる家族論もある，という氾濫状況を指摘することができる。いろいろな家族論の具体例についてはあとで詳しく触れることにして，家族論の氾濫状況の特徴を，まず簡単に指摘しておくことにしよう。

　第一に，核家族化・小家族化の進展状況，単身の激増，高齢世帯の激増，女性労働の増加，離婚の動向などについての数字が氾濫している。これについてはいろいろな統計やその組み合わせによる変化の説明を思い浮かべればよいであろう。最近では，「1.57ショック」などは記憶に残る代表的な例であろう。第二に，行政機関・新聞・企業による世論調査を含む意識調査や生活実態調査の数字，そしてある地域やある層についての研究者による実態調査とりわけアンケート調査の数字が氾濫している。NHKが継続しておこなっている生活時間調査などは活用しやすいが，研究者による大小の調査などを簡単に活用することはきわめてむずかしい。　第三に，「個人化する家族」論，「多様化する家族」論，「利系家族」論，「家族機能の外部化」論などの例に見られるように，

現代家族の特徴と思われることについての見解が氾濫している[4]。それらの特徴づけについては，焦点の当て方が家族関係であったり，家族意識であったり，さらにはライフスタイルであったりといろいろあって，しかも一定の事実を根拠とした主張なので，独自のプリンシプルなしには比較が困難であろうと思われる。第四に，家族の「危機」についていろいろな視点から語られることが氾濫している。この場合にも何をもって「危機」とするかに違いがあり，これまた独自のプリンシプルなしには受けとめることがむずかしいと思われる[5]。これに加えて，それらを適当につまみ食いした主観的・体験的家族論……。

それらの見方はすべて間違っているわけではなく，語られていることはまぎれもない事実であるが，それらは単なる資料や考えるための材料にすぎない場合が多いとともに，家族のある限られた面に焦点があてられている傾向が強いので，「全体としての家族」について論じていないきらいがある。家族についてのいろいろな見方のそのような氾濫が，家族生活とは何であるのかということや家族が今どうなっているのかということをますますわかりにくくしているのではないだろうか。

このような状況のもとでは，現在あるいはここ10年ばかりの短い期間の「変化」を見るだけでは，家族の現在が見えにくいという状況が続くだけではないだろうか。内容や見方が大同小異で言葉だけが新しい装いにすぎないという家族論をさらに加えることは，家族論の氾濫状況をますます進展させ，家族の現在をさらに見えにくくすると思われる。では，現代家族論の展開をどのような方向に求めたらよいのであろうか。その方向としては2つの試み（仮に第五の試みと言っておこう）を挙げることができる。1つは，まだ氾濫とまではいかないが，先に指摘したように，戦後50年の家族生活や諸問題の推移を全体として捉え直すあるいは整理することによって，家族の現在や未来について課題提起も含めて考え直そうという試みにほかならない。その場合には，なんらかのプリンシプルによる見方が不可欠であり，その見方の基本的性格が問われることになる。もう1つは，家族の現在を多面的に見ることによって，発想の根本的転換を迫る試みである。この場合には，発想の転換が先で，そこから多面的

に見るという逆の試みもあり得るであろう．さて，私自身の試みも，第五の性格として展開しようとするものであるが，果たしてどうであるかは，読者の判断に委ねられることになる．

## 2　現代家族論の展開の仕方について

### ▼3つの疑問

「全体としての家族生活」が見えにくくなっていると同時に，これまでの見方にたいする根本的な異議申し立てがあるなかで，すでに指摘したような家族論の氾濫にたいして，そのすべてにたいしてではないが，私は3つの疑問をまず提起したい．

第一には，日本の社会科学全体にそのような傾向が強くなっているのであるが，「自由な自己主張」ということにたいする疑問である．ここでの「自由な自己主張」とは，自分とは異なる見方とフェアに相互批判することなしに，あるいはまたトータルな具体的現実との対応なしに，さらにはこれまでの知的遺産の良質の部分を受け継ぐことなしに，きわめて部分的な現実を「自由に」解釈しつつ自己主張していることを意味する．とりわけ知的遺産の発展的継承は重要である．これまでの先学の遺産の何を継承するのか，現実とのかかわりでどのように継承するのかということは，知的営為としての学問の生命と言ってもよいであろう．しかし，そのような配慮がないままに言葉による目先の新しさを打ち出していることへの疑問にほかならない．例えば，〈家庭内離婚〉や〈既婚シングル〉という言葉を使った見方は，冷たくなった夫婦関係，1つのライフスタイルを示すものであるが，フィーリングとしてはなんとなくわかるような気にさせられる．しかし，テレビのトーク番組にも似たトレンディ志向としては「おもしろい」かもしれないが，そのような家族論の主張は，さらなる氾濫をもたらすだけではないだろうか．

第二には，歴史的見方がきわめて乏しくなっていることにたいして，それでよいのかという疑問である．すでに指摘したように，戦後50年の家族生活の推

移をトータルに捉え直す試みがいくつか現れているとはいうものの，家族の現在については，ここ10年足らずの特徴の指摘であったり，家族の限られた側面についての特徴づけであったりなど，歴史的変化がトータルに射程に入っていない論じ方，つまり興味本位のマスコミ報道にも似たトピック的な論じ方が多いのである。離婚の「激増」に焦点をあてる論じ方などはその典型的な例であると言えよう。歴史的見方とは，それぞれの現象の変化を見るだけではなく，変化した面と変化しない面の両方を射程に入れ，そこから全体としての変化を組み立てることであり，この意味での歴史的見方がどれだけされているだろうか。この場合にも，センセーショナルに論じるケースが多々見受けられるが，これまた感覚的興味をそそるだけであって，これからの家族の行方といったような大事なことを考えるにあたっては，ほとんど意味がないのではないだろうか。

　第三には，ごく当たり前のことであるが，社会的視野の乏しさにたいする疑問である。家族生活は人間生活のすべてに大なり小なりかかわっているので，いくつかのレベルで，家族以外の社会分野との関係抜きには考えられないと思われる。にもかかわらず，例えば，「産業化，都市化の進展にともなって云々」とか，「情報化の進展のなかで云々」とかといった表現に典型的に示されているように，社会分野のいろいろな変化が単なる背景として位置づけられている場合が多いのである。そのような論じ方は，社会にたいする家族の受動性が暗黙の前提になっていて，家族の能動性や相対的独自性という見方が消えてしまうことになるのではないだろうか。社会にたいする家族の受動性つまり社会的影響は確かに大きいのであるが，だからと言って家族が社会に規定されっぱなしというわけではないであろう。社会にたいする家族の3つの関係をどのように理論化するか，そしてそれにもとづいて現実分析をどのようにするかということはきわめてむずかしいことであるが，家族が社会のなかに存在しているかぎりは，家族といろいろな社会分野との具体的関係を射程に入れること抜きには，家族の現在をきちんと語れないのではないだろうか。

▼どんな見方が必要か

　上に挙げた疑問ともかかわって現代家族論をきちんと展開するためには，理論構成が大事なのであるが，ここでは理論構成を全面的に展開することが狙いではないので，少なくともこれだけは必要であると思われる視点を挙げておくことにしたい。

　① 歴史的視点

　言うまでもないことかもしれないが，歴史的視点は家族の現在とその行方を考えるにあたっては欠かすことができない。歴史を遡れば遡るほど変化の方向がよりはっきりするのであり，私自身は人類社会の生誕の頃まで遡って考えているが[7]，少なくとも戦後50余年の家族生活の史的展開については，戦前をも若干は念頭においておさえる必要があろう。すでに指摘したように，歴史的視点とは，最近の変化の特徴を示すだけではなく，変化した部分と変化していない部分をなんらかの理論的プリンシプルにもとづいて構成することである。そのような歴史的視点を欠くと，全体としての変化が見えにくくなるのではないかと思われる。そして，どのようなプリンシプルにもとづいて歴史を見るかということが，家族論の性格を大きく左右するであろう。

　② 関係的視点

　関係に焦点をあてるのは，ある意味では社会学的論考の特質であるが，家族にとっての社会および個人という2つの関係をなんらかのかたちで見るということが必要である。社会との関係については，社会を単なる背景（あるいは与件）とするのではなく，いろいろなレベルでの社会的変化と家族の変化との関係がおさえられる必要があろう。具体的には社会の基本的あり方およびそのあり方に規制されている家族以外の社会分野——例えば地域・企業・教育機関など——のあり方の変化との関係もまた問われることを意味する。家族と個人との関係については，家族構成員相互の関係という意味ではなくて，家族そのものと構成員それぞれとの関係という意味であり，このことは家族を捉えるにあたっては見過ごしてはいけないであろう。考えてみれば，家族構成員それぞれの年齢，性別，家族内の地位などの違いによって，諸個人にとっての家族の意

味が異なっているという当たり前のことであるが，家族の行方を考えるにあたってはきわめて重要である。日常的感覚でも，成人と未成年，男性と女性，父親・夫と母親・妻などではそれぞれにとって家族の意味は異なっているはずであり，とりわけ現在は男性と女性においてはその違いが著しいであろう。

③ 全体性の重視

ここで言う全体性とはトータルな視角を意味するが，具体的には家族のある側面の特徴をあたかも一般的特徴であるかのように描かないこと，と同時に重要な特徴とそうでない特徴とを明確にする理論的基礎が必要であることを意味する。典型的な例を挙げるならば，家族構成とそれについての意識だけを見れば，戦後日本の家族がいわゆる夫婦家族という「近代家族」に変化したと言えそうであるが，例えば家族関係やその他の家族意識については，果たして「近代家族」に変化したと言えるであろうか。具体的に論じる場合には，テーマによってはすべての面にかならずしも触れる必要がないかもしれないが，他の面とかかわる位置づけが念頭におかれなければならないであろう。

④ 日本の特殊性

さらに忘れてはいけないことは日本の家族の特殊性あるいは独自性ということへの考慮である。いろいろな分野で日本の特殊性ということが語られているが，そしてそれは当然の前提とされているように見えるが，少し考えてみると意外とそうではないことに気づくはずである。詳しくはあとで展開するが，例えばバージェスのいわゆる「制度から友愛へ」という「近代家族」の成立が当然の前提とされている場合が多いが，上に指摘したように，日本ではそれこそが問われる必要がある大事な課題ではないであろうか。最近の異議申し立てにおいては，アリエスやショーターの見解が援用される場合が多いが，これまでになかった新しい見解として示唆されることが多いとしても，日本の歴史人口学や近世あるいはそれ以前の家族についての研究の成果をどのように見るかが大事であろう。

そこで以下の章では，家族生活の変化とそれにともなうプラス面とマイナス面を，日本社会の変化と全体としての国民生活の動向とかかわらせながら考え

ることによって，戦後50余年の家族生活の推移をまずトータルに捉えなおすことにしたい。ここでプラス面とマイナス面という表現を使ったが，そこに私自身の価値選択がまったくないわけではなく，いや，あると言った方がいいと思うが，戦後の民主化を軸として社会にとっての家族と，個人にとっての家族がどうであるかということを意味する（戦後の民主化つまり民主主義を価値選択として導入する意味については，これからの展開によって示されるであろう）。次いで，いろいろな家族論あるいは家族研究については，単にその展開を追うのではなくて，対応する具体的現実とりわけ現実がどんな課題を提起しているかということとかかわらせて検討することによって，往々にして見受けられる「現代家族論」論への暗黙の批判として，展開したいと思う。「現代家族論」論とは，ある立場から他の現代家族論について論評するものであり，具体的現実認識との結びつきが乏しいという性格のものである。つまり，知的遺産の継承は現実的課題と結びつけて考える必要があるということにほかならない。最後に，そのような展開の帰結として，家族の行方を考えつつ，これからの家族論の課題についても，具体的に提起したいと思う。

註
1) 本文でも触れるが，いわゆるタレントがテレビのトーク番組で家族問題について何かを発言することができるように，自分の家族体験や見聞にもとづく「家族論」がここ10年ばかりのあいだに驚くほど多くなっているが，それらは1つの知識あるいは考えるための材料としての意味があるにすぎないと考えられるので，1つの独立した家族論として取り上げる必要はないであろう。
2) そのような解答は，私の講義内容とは全く無関係に，自分が接した家族論の一部分を使って，その主張や内容を自分自身ではほとんど検討することもなしに，「日本の家族はこうなっており，それについてはこう考える」というトーンで書かれている。
3) 〈婚姻・血縁家族〉とはいわゆる「近代家族」あるいは常識的な家族にたいする私独自の概念であり，それをいろいろな家族のなかの1つの形態であると見なしている。私の理論的立場から「家庭」という表現を使っているが，性関係をともなう同性家庭，性関係をともなわない同性家庭，婚姻・血縁のみでない多世代家庭，非血縁のみの家庭，血縁のみの家庭，複合家庭というのが，さしあたりの分類である。詳しくは，拙著『家族と家庭』（学文社　1994年）92～

97ページ参照。
4) 代表的なものとしては，目黒依子『個人化する家族』(勁草書房 1987年) を挙げることができる。また，博報堂生活総合研究所編『「半分だけ」家族』(日本経済新聞社 1993年) では最近の家族が「利系家族」として特徴づけられている。家族機能の外部化という見方は家族社会学ではほぼ常識に近いので多数あり，「家族多様化」論は野々山久也が強く主張しているほかに，この見方も多数ある。
5) 書名としては望月嵩・本村汎編『現代家族の危機』(有斐閣 1980年) が早期のもので，その後，松原治郎『家族の危機』(日本経済新聞社 1983年) や布施晶子・清水民子・橋本宏子編『双書　家族の危機と再生』全3冊 (青木書店 1986年) などがあるが，「危機」という論題がついていない場合でも内容的に「危機認識」を示すものが次第に多くなっている。
6) 産業化，都市化，情報化などの進展にともなって家族生活が変化したことは確かである。しかし，例えば情報化の進展を背景として位置づけるとしても，情報化の進展の中身をどう見るかによって，家族生活の変化の見方が違ってくるはずである。なお，社会にたいする家族の受動性・能動性・相対的独自性という見方については，拙著『家族と家庭』(学文社 1994年) 192～197ページ参照。
7) 拙著『家族の社会学』(ミネルヴァ書房 1976年) および『家族社会学の基本問題』(ミネルヴァ書房 1985年) ではいずれも200万年以上も遡って展開しているが，最近の人類学・生物学などの成果では400万年ほど遡る必要があるようである。

# 第1章　　多様な現代家族論

　現在は「多様化の時代」であるとも言われている。考えてみるといろいろな面での「多様化」を思い浮かべることができる。価値観の多様化と経済状態の違いによって，生活面でのいろいろな多様化がある。いわゆる「豊かな社会」のなかでは消費についての多様化を否定するものはまずいないであろう。ファッションの多様化などは街中を歩いてみればすぐに目につく。食事内容もまた多様であり，消費についてはフィーリングや好みの問題であり，一般的に何が好ましいとは言いにくいであろう。日常生活のそのような動向がいろいろなものの見方にも波及して，人間生活にとってあるいは社会にとって，何が大事なのかあるいは何が一般的に好ましいのか，簡単には言えないような状況にあるようにも思われるが，逆になんでも簡単に言えるような状況とも言えそうである。だから一億総評論家とまではいかないにしても，あらゆる分野で評論が花盛り，人畜無害の評論もあるが，トレンディ志向の評論的家族論やテレビのトーク番組での放談などについては果たしてどうであろうか。この種の放談は聞いている瞬間だけのおもしろさの場合が多いのであって，あとで示すような知的インタレストとはかけ離れていると思われる。にもかかわらず，そのような「おもしろさ」がマスコミを通して一般的知識になりがちである。

　すでに述べたように「全体としての家族生活」が見えにくい状況に照応して，感覚的には日常生活そのものである家族についての見解もまた多様化しており，事実いろいろな意見がこれといった決め手もなく出されているという家族論の「戦国時代」のような状況とも言えそうである。しかも「戦い」を避けるという奇妙な「戦国時代」にあるのではないだろうか。「戦い」を避けるとは，フェアな相互批判をしないということを意味する。とりわけ家族社会学ではそうであり，かつてのような論争がほとんど影を潜めている。批判にたいする反批判のように見える場合でも，「それは誤解である」という弁明的なかたちが多

くて実りある論争へはほとんど発展しない。そのような場合には，誤解されるような表現になっていることを反省する必要があると同時に，誤解にたいするフェアな反論をする必要があってこそ前進的な論議になるであろう。また，批判の対象として固有名詞が出ない場合であっても，自らの見解にその批判があてはまるならば，反省あるいは反批判をしていく姿勢が必要だが，最近はそのような対応も乏しいと思われる。

　このような「戦国時代」にあっては，家族については何を言ってもそれなりの意味があるように見えるが，他方では何を言っても実際とはどうも違っているようにも思われる。したがって，異なる見方をばらばらに受けとめると，家族論がむずかしいあるいはややこしいと思われることもあるが，他方ではそれぞれが「自由に」論じているようなので，軽くなにかを言えてやさしいと思われることもある。そのためか，家族研究を専門としていない社会学者のなかには，家族などは専門に研究するほどのことではないと軽く考えている者さえおり，事実，専門外からきわめて限られた知見と一定のセンスによって，トレンディに発言する者もいる。そのような発言に該当する事実もあるが，現代家族の特徴として一般化することができるであろうか。家族についてそんなに軽く考えてよいのであろうか？　そこで，現代家族論をめぐって，考えてみる必要があると思われることについて，いくつかの点にわたって若干整理することからまずはじめようと思う。

## 1　現代家族論はいろいろある

**▼いろいろな家族論**

　現代日本の家族はこれでよいのかという疑問をもっている「有識者」はたくさんいると思われる。また，マスコミ報道でセンセーショナルな問題行動とりわけ未成年者の問題行動がある度に，現在の家族のあり方への疑問がかならずと言っていいほど出てくる。一般的にも，マスコミ報道でも，家族についての発言は，ごく少数の例外をのぞいては，「問題がある」としている場合が多い

のである。その場合には，問題の性格をどのように見るか，問題を考えるにあたって家族生活のどこに焦点をあてるか，そして問題の原因についてどのように考えるか，ということについての指摘となるとこれまた千差万別である。例えば，いわゆる「いじめ」についての論評を思い浮かべれば，このことは容易にうなずけるであろう。他方では，問題があるかどうかはともかくとして，家族がどのように変化したかということや現代家族の特徴についてもまたいろいろと語られている。さらには，これからの家族のあり方についてもいろいろなかたちで語られている。それらについては，家族生活のどこに焦点をあてるか，何を重要と見ているかによって異なった家族論になると言えるが，私は，家族論あるいは家族の研究については，ほぼ次のようないくつかのタイプがあると見ている。「家族論の氾濫状況」としてすでに簡単に指摘したが，重複を厭わずにもう少し踏み込んで考えてみよう。ここでタイプという表現にしたが，注目点あるいは要素と言ってもよいであろう。ただし，それぞれのタイプで他の諸要素が全く考慮されていないわけではないことをことわっておこう。

　第一のタイプは主に統計によって家族の変化の傾向や最近の家族の特徴について説明するものであり，これは統計の項目の数だけあり得る。さらには，いくつかの項目を組み合わせる，そして項目によって重要度が違うということになると，それ以上の数になるであろう。例を挙げてみると，家族構成，結婚，離婚，出産，家計構造，耐久消費財，住居など，これらの変化や特徴については，統計数字さえあれば簡単に論じることができるであろう。『国勢調査報告』をはじめとして，家族生活に直接かかわる『国民生活白書』やその他の白書類などが活用される。

　第二のタイプは，世論調査・意識調査・実態調査などを使って現在の家族の特徴について説明するものである。家族生活をめぐる人々の意識についてはマスコミ報道はしばしば伝えており，材料には事欠かないであろう。行政や大企業も意識調査をしばしばおこなっている。具体的な例としては，全国紙による意識調査やNHKが継続しておこなっている「生活時間調査」を挙げることができる。また，特定の地域などについての「専門家」の実態調査は気が遠く

なるほどたくさんある。文部省の科学研究助成費，大学や民間諸機関などによる各種の研究助成費の増加にともなってますます多くなっている。その結果はすべてなんらかの「事実」を示すものであるが，それらの「事実」を素材として家族の特徴や動向を説明したり，あるいはなんらかのコメントをすることができる。

　第三のタイプは，家族について問題であると思われるものについていろいろと解き明かそうとするものである。これについても，マスコミ報道，ルポ，精神科医やカウンセラーの症例の報告など，論じる材料には事欠かないので，それらを使っていろいろと論じられているが，第二のタイプとは違って，「ケース研究」を主とする性格と言えるであろう。その場合には，「問題」に直接かかわると思われる原因の指摘や解決の仕方については，さきに述べたように何を重視するかの違いによって，また学問分野の違いによっても，これまたいろいろと論じられている。

　第四のタイプは，現在一般的であると思われている家族および家族観にたいして根本的に異議を申し立てるものである。フェミニズムや女性学あるいはその影響を受けての女性解放に結びつく主張にこのタイプが多く，独自の実態調査も含めて上に挙げた統計や調査結果も援用されているが，最近ではP・アリエスやE・ショーターなど外国の新しい知見からの影響も加わっている。もっとも外国の知見からの影響は最近にかぎったことではないのだが。[1]さらには家族のあり方についての「思想として」論じているものもあり，なんらかの理念から家族の現在にたいする批判と家族無用論も含めてこれからの家族のあり方について論じるものである。

　これらのタイプそれぞれには，家族のどこに焦点を当てるかということ，家族そのものをどのように見るか，さらには家族を見る場合の歴史的・社会的射程をどれだけ拡げているか，そして先に触れたように他の要素をどのように活用しているかということなどの違いによって，さらにいろいろな家族論が氾濫することになる。これに加えてきわめてかぎられた狭い体験からの家族論が，いわゆる「有名人」によって語られることが氾濫に拍車をかけていることを指

摘しておこう。それらの家族論で語られていることはすべてまぎれもない「事実」であり間違っているわけではないが、現代日本の家族について「全体として」語っていることに果たしてなるのであろうか。それぞれのタイプについては、あとで具体的に考えてみたい。

### ▼なぜ家族論が多いのか

　価値観の多様化を含むいろいろな多様化がある状況は事実であるが、そのような多様化に応じていろいろな家族論があるという理由だけで家族論が多いのであれば、他の社会・生活分野についても同じことが言えるであろう。家族論には他の生活分野には見られない特有の多様性がある。家族についてどのように考えるかということは、先に挙げた狭い体験による家族論は極端な例であるが、多かれ少なかれ自分自身の体験と密接に結びついている。そしてそれぞれの体験が暗黙の（あるいは無意識に）前提となって、家族の姿についての理念や願望が出てくるのである。そこから出発して、家族のどの側面を重視してどこに焦点を当てるか、あるいはまた、家族関係のあり方についてどう考えるかといったことがいろいろと違ってくるのは、容易にうなずけるであろう。さらには、家族と他の社会分野とをどのようにかかわらせて考えるかということや、家族の存在意義といった点でもまた著しく違ってくる。そこで、体験的にわかりやすい〈家族と両性関係〉を例としてちょっと考えてみることにしよう。

　「男は外、女は内」という性役割分業をめぐっては、かなり以前からいろいろと論じられており、現在でも家族論の多くは大抵この問題に触れているか、直接触れなくても背後にこの問題にたいする見方があるのが普通である。賛成であるか反対であるかということはともかくとして、この問題についてトータルに論じるには、個人的体験から社会のあり方までのかなり多くのことを整理しながら考える必要があるのだが、主に意識調査によって論じられることが比較的多いのである。「男は外、女は内」という意識調査については、反対という回答が次第に多くなってきたことはまぎれもない事実であるが、男性の回答は女性の回答結果ほど多くなっているわけではない。

意識調査のそのような傾向から，性役割分業について，女性の意識が進んでいるのにたいして男性の意識はそれほど進んでいない，だから男性の意識をもっと変えていく必要がある，と結論づけるのは簡単である。事実そのような主張があり，しかも間違いであるとは単純に言えないであろう。しかし，少しばかりつっこんで考えてみると，事柄はそれほど単純ではないのである。意識のレベルだけについても，女性の意識はともかくとして，男性の意識ははたしてホンネなのかどうかという疑問がまず1つ挙げられる。しかも一般論として固定的性役割分業には賛成しないが，自分個人の場合は「妻に家事・育児を主にやってもらいたい」というケースが，意識としては結構多いのである。日本ではそのような意識は家族だけにかぎらないのであって，例えば，現在の受験競争には一般的には反対であっても，自分の子どもは小学校高学年頃から塾に通わせるということを考えてみれば，このことは容易にうなずけるはずである。

　もう1つとして，女性の場合にも〈夫の協力〉とか〈手伝って〉という意識があることをどう考えるかという問題がある。そのような意識は，「現状では仕方がない」「手伝うだけでもまだましな方である」というかたちで基本的には性役割分業をそれとは自覚しないで前提としている意識ではないだろうか。事実としては，男性がせいぜい「協力する」「手伝う」に過ぎないことが多いが，主張する場合にもそのような表現を使うならば，論理的には性役割分業を前提とした意識であることを意味するのであって，もしそうでないならば言葉の上でも〈夫婦共同で〉という意識になるはずである。したがって，性役割分業については，あとでより詳しく触れるが，3つの点から迫る必要があると思われる。1つは，女性の「職場進出」と言われていることについてどのように見るかということであり，そして次には，家事・子育ての分担がどうなっているかということである。最後に，それらの実態と意識の関係についても検討が必要である。つまり，性役割分業についての意識調査の結果は考えるための材料の1つであって，家事・子育ての実態やよりつっこんだ意識——例えば一般論としての意識と自分の場合の意識の違いなど——と結びつけなければ，充分な説明にはならないのである。自分の場合の意識については，意識そのもの

を直接問うのではなくて、実際にどのように活動しているかを問う方が適切であり、そのような調査も少しはある。「男は外，女は内」という1つの問題にかぎっても、そこには理念や願望が入ったり、体験的先入観が入ったり、あるいはマスコミ情報に乗せられたりして、きわめて多様に論じられることがわかるであろう。

　次に、これはかならずしも家族論だけにかぎらないが、長期的に見るか短期的に見るかという時間的スパンによって、ある事柄が違って見えるということであり、離婚の増減の割合はその典型的な例であろう。すでに指摘したいろいろな側面についても同じようなことが言えるので、家族論特有の多様性が出てくることになる。とすると、好きなように論じられそうでありながらも、このようなことを考えると、そうでないようにも思えてくる。では、家族論はむずかしいのか。

## 2　現代家族論はむずかしい？

### ▼やさしさとむずかしさ

　現代家族論のこのような「戦国時代」は、現代家族論をむずかしくしているのであろうか、それとも意外とやさしいのであろうか。結論から先に言えば、やさしいとは単純に言えないが、複雑そうに見えてもむずかしすぎるということはないのである。家族のいろいろな面についての特徴の並列的な見方や、ある事実については見方によっては反対の意見があるという複雑さの方にばかり目がいくと、家族論は煩雑で捉えどころがないほどむずかしく感じるであろう。そのような煩雑さを避けるには、ある主張について反対の根拠や1つの事柄についての見方がたくさんあるという他の分野には見られない状況にばかり目を奪われないことが大事である。詳しくはあとで触れるが、さしあたりおさえておいた方がよいと思われることを2つだけ指摘しておこう。

　現代日本の家族生活では多様化と画一化が同時進行していると思われるのである。例えば、家族をめぐる意識のある部分だけはどんどん多様化しているよ

うに見えるが，実際の家族生活では多様化ばかりがそれほど進んでいるわけではなくて，ちょっと注意して考えると画一化については簡単に具体例を思い浮かべることができるであろう。小学校高学年では大抵の子どもを学習塾へ行かせる，連休には大移動がある，便利な新しい電化製品を追いかける，などなどいくらでも例を挙げることができるであろう。日本人はいわゆる「バスに乗り遅れるな」「みんなで渡れば怖くない」という活動スタイルが強いので，知らず知らずのうちに画一化に陥っていることが多いのである。逆説に思えそうだが，差異性の強調そのものが実は画一化であるということも指摘できる。最近はそのような傾向がやや薄れてきているが，一時期には大学生の間で無理に差異性を示す傾向があった。例えば，大勢で喫茶店へ入ると次々に違ったものをオーダーするので，最後の方になるとオーダーするものがなくなってしまうという笑い話のようなことがあったのである。これは差異性を出さねばならないという画一性の例であり，多様性のように見えても根本においては画一性であるという点にも留意する必要がある。だから，家族生活のどんなところが多様化しており，画一化しているのはどんな面かということを整理することが大事である。

　もう1つは，家族生活の変化についてどのように考えるかということである。具体的には著しく変化していると思われることとそうでないこととを区別してみることが大事である。このことは，日々の生活で著しく変わったと思われることとあまり変わっていないと感じることを具体的に思い浮かべてみれば，簡単にわかるはずである。その場合，注意する必要があるのは体験的な日常感覚である。いろいろな家族論（あるいは女性論，さらに最近では男性論）に接した時に，自分の日常感覚や身近な見聞に照らしてみて「何か違うな」と思ったら，それらの論がかならずしも現実を示しているのではなく，理念（あるいは願望）を示していると判断すればほぼ間違いないであろう。日常感覚そのものは確かに狭くて，現代日本の「全体としての家族生活」を捉えるには不充分ではあるが，何が間違っているかを判断するだけならば，ほぼ通用するのである。炊事・洗濯というメインの家事はおおむね女性がしている。幼児の世話も

おおむね女性、例えば公園で2，3歳の幼児を遊ばせている母親の姿をよく見かけることがあるが、そのような父親の姿は日本では滅多に見られないであろう。中国ではそのような父親の姿がしばしば見られるので、私ははじめは不思議に感じたことがある。これについては、夫婦の勤務時間を調整して子育てを分担しているということを知って、なるほどと納得させられた。だからNHKの家事・子育てに関する生活時間調査に接したことがなくても、家事・子育ての現実があまり変わっていないことは、日常感覚でわかるはずである。継続しておこなわれているその調査に示されている具体的な数字を大学での講義を含めていろいろな機会に紹介すると、男性の家事・子育ての時間のあまりにも少ないことに驚く人が多いが、マスコミ報道や「専門家」による活字から得た知識を、日常感覚とは関係なしに受けとめるからではないだろうか。

　大学のゼミの授業では、日常感覚をも大事にしながら、日常感覚にとどまらないという姿勢で考えて論議するようにと学生たちにアドヴァイスしているので、そんな姿勢をある程度は身につけた大学のゼミナールの学生が書いた「卒業論文」の例を2つばかり紹介しておこう。かれらはごく普通の学生であるが、「むずかしい」と思われるフェミニズム理論について整理したあとで、ポストモダンフェミニズムにたいして、「こんなむずかしいことをきちんと理解しなければ女性解放ができないのだろうか？」と書いていた。また、男性論を書いた学生の場合は、男女雇用機会均等法の制定の目的の1つとしての「女性のやる気の喚起」をめぐって、その実現については女性が人間味を捨てなければならないような雰囲気であるという意味のことや、その可能性をにぎっているのは男性であり、「変われない男性」という社会的事実を指摘したりしている。この学生たちは両性平等の社会を望んでいるが、いわゆる「女性論者」の主張や「女性の意識の向上」については、本のなかの家族論およびとりわけマスコミ報道にもとづく「常識」を鵜呑みにしないで、自分の日常感覚をも大事にしている普通の例と言えよう。そこで次に、考えてみるための参考として、若干の具体例を挙げておくことにしよう。

## ▼具体例で考えてみよう

　上に指摘したように，多様に見えるが実は画一的であるとか，あるいは日常生活の感覚では多く感じたりあるいはあまり変わっていないのではないかと感じたりすることに注意してみると，現代家族論はそれほどややこしくはないのであるが，学生たちの例からすると，多様化しているように見える現実よりも，家族論あるいは家族研究の現状の方がむしろややこしい状況をつくりだしているということになりそうである。その点を「家族解体」という表現で語られていることを例にして考えてみよう。

　「家族解体」とは，かつて大家族であったものが次第に小家族化していく，具体的には非血縁を含む大家族→非血縁を含まない「複合家族」→直系的多世代家族→核家族（……→やがてはこれまでの家族形態の解消？）という歴史的傾向を思い浮かべればよいであろう。つまり，文字どおり家族の解体なのであるが，家族のこのような傾向にたいして，言葉の使い方も含めて3つの見方がある。1つは，家族のこのような歴史的傾向を歴史の必然的な流れであり，解体することを好ましい傾向であるとする見方である。この立場の底流には，社会制度としての家族とは一般的に女性を抑圧するものであるという見方が前提となっていることが多い。次には，いわゆる「伝統的家族」が，さらに最近では「近代家族」が「解体」していく傾向を好ましくないとする立場である。この見方の底流には，程度の違いはあるが，前者ではかつての「家」制度についての肯定的な見方があり，後者では「男は外，女は内」という性役割分業にたいする前提がある。そして3つには，「家族解体」を家族崩壊と同じ意味とすることによって，現代家族の一種の病理現象さらには「家族の危機」と見る立場である。だから，「家族解体」という言葉をどんな意味で使っているか，あるいは使われているかということがはっきりしていれば，それほどややこしいことはないのである。しかし，あとで触れる「家族の危機」論には，先に挙げた前提や願望があったりして，現にある家族がなくなってしまうかのような印象を与えるものがしばしば見受けられる。したがって，その意味をきちんとことわって使う，あるいはことわらないまでもどんな「家族」が「解体」する

かということがはっきりわかるように論じることが必要であり，この点をあいまいにしたまま論じるならば，無用の混乱をもたらすだけであろう。

次に，最近の家族の特徴について語られていることを例として考えてみよう。これにもいろいろな見方があるが，わりあい新しい見方として「利系家族」という見方がある。この見方によれば，「これまでの血縁中心，愛情中心の『家系家族』に対して，『利系家族』ともいうべき家族関係が生まれている」と考えられないかということである。この見方はお金（の流れ）が家族を変えたということに焦点を当てて，家族内のサイフの個人化とそれに伴う家族関係とりわけ勢力関係の変化が家族員個人の収入の多寡によること，つまり家族の絆が収入の拡大に依存するようになったとされている。「個人化する家族」という見方の変種だが，すでに「個人化する家族」論があるなかで，「利系家族」という造語だけの「新鮮味」が果たして必要なのであろうか。この見方が内容としてすべてが誤っていると言うつもりは毛頭ないが，言葉だけの「新しさ」は家族論をややこしくするだけではないかと思われる。血縁中心はともかくとして，そこで言われている「家系家族」が愛情中心であって，「利系家族」には愛情があまり現実的意味をもたず，お金中心という印象を与えるであろう。しかし，収入と勢力関係はなにも最近の新しい動向ではないはずであり，「利系家族」として「個人化する家族」とは区別する必要があるほどの変化が果たして認められるのであろうか。さらに付け加えると，実際にはサイフの個人化がすすんでいる共働き夫婦がいることは事実であるが，そのことによって「利系家族」という見方が現代家族の特徴としてどの程度一般化できるであろうか。

トレンディ志向は，現実の特徴をなにほどかにおいて興味深く描くことによって考えるための素材を提供するという意味があるが，「利系家族」という見方に典型的に現れているように，最近の特徴については以前との比較を「豊かさ」という金銭的な面に限定し，その他の面での比較あるいは推移をほとんど見ていないこと，しかもその面に限定したとしても，階層間格差を考えるならば一般化できるほどの拡がりが果してあるだろうかということ，したがって，これまでの知的遺産については批判もしないが継承もしないということに難点

があると言えよう。

## 3 現代家族論はおもしろい

### ▼おもしろいということ

　我田引水かもしれないが，現代家族論はおもしろいと思う。むずかしくはないがややこしいと思われる現代家族論は，迫り方によっては他のどんな生活論や文化論あるいは社会論よりもおもしろいのである。もっとも，その他の「論」がおもしろくないというわけではけっしてない。

　現代家族論には大きく分けると2つの論じ方がある。1つは，現代家族についてのいろいろな現実にもとづいて，家族の現在や行方あるいはあり方を論じるものである。その場合には，家族についてのそれまでの見方・考え方についても必要と思われるかぎりでは触れられることになる。しかし，あまり触れられていなくても現代家族論としては充分に意味があるが，その場合には現実をどの程度見ているか，どのように見ているかが問われることになる。もう1つは，「現代家族論」論と言った方が適当であろうと思われる論じ方である。そこで，「現代家族論」論の性格について再び簡単に指摘しておこう。それは現代家族について論じるのではなくて，これまでにあげたように多様に論じられている「現代家族論」そのものについて論じているもの，つまり，事実よりも見解に焦点を当てて論じるという性格のものである。その場合，事実に全く触れられないわけではないが，主として見解について論じるという性格のものである。つまり，いろいろな「現代家族論」を紹介しつつそれぞれについてなんらかのコメントをするということになるが，コメントの仕方には現実認識の裏づけが必ずしも充分でないケースが相対的に多いのである。その意味では不充分な現代家族論と言えよう。

　私自身はすでに述べたように「現代家族論」論にとどまることには賛成できないが，現代家族論を学ぶきっかけとしては意味があり，「現代家族論」論からはじめてみると，家族についての科学的なあるいは思想的な予備知識がなく

ても，初学者にとってはおもしろいと感じるはずであり，それが現代家族論のスタートとなるのである。現代家族論に密接にかかわる論争があった。論者によって内容や水準にはでこぼこがあることはともかくとして，参加規模では「主婦論争」と「アグネス論争」が最大と言ってもよいであろう。この2つの論争は実におもしろいので，マスコミでも大きく話題となった。どういう意味でおもしろいかと言うと，家族について考える必要があると思われるすべてのテーマがほぼ論じられていること，しかも大部分が自分の理念や願望にもとづいて論じられていることである。だから，大抵の人は自分自身も論争に参加しているつもりになることができるという意味で，現代家族論に入るきっかけを与えてくれるであろう。「主婦論争」の方が現代家族論に入るきっかけとしては適当であると思われるが，おもしろいという点では「アグネス論争」の方であろうか。

　現代家族について論じる場合には，女性のあり方を抜きにして論じることは時代遅れと言ってよいであろう。やや先走って言えば，家族と女性・家族と社会というテーマにどういうスタンスをとるかが，現代家族論の性格をほぼ決めると言っても言い過ぎではないのである。「主婦論争」についてはあとで具体的にとりあげるが，この論争では，女性と仕事，女性と家事・子育て，女性と社会的活動，女性と男性との関係，女性の社会的位置など，まとめて言えば，主婦と家族，主婦を軸とした家族の社会的意味，家族とは何かということ，したがって，さらに一般化して言えば，〈個人と家族〉・〈社会と家族〉・〈家族とは？〉という現代家族論にとっては重要で不可欠なテーマがすべて出そろっているのである。この場合は主婦からの家族への接近であるが，男性，子ども，高齢者など家族員の性別・年齢，家族内の地位などどれからでも家族へ接近できるというおもしろさがある。余談的に付け加えると，男性論が少しづつ増えているので，「夫論争」を同じようなかたちでやるとおもしろいのではないだろうか。「主婦論争」の場合には，男性の論者が相対的に少なかったが，「夫論争」となると男性の論者も多くなって男性のホンネが出るのではないだろうか。なぜならば，男性（だけとはかぎらないが）の場合は自分自身がやっていない

ことを主張したのでは，とりわけ論争では説得力に乏しいからである。

「アグネス論争」の場合はもっと雑然としている。小浜逸郎が「アグネス論争チャート」というかたちでたくみにまとめているので，詳しくはそれを参照してもらうこととして，家族論に直接結びつくテーマを挙げると，大きくは男女役割分業論，企業社会批判，結婚とフェミニズム，母性主義是非論などがあり，それらとかかわらせて論じることができそうな「いもづる式」のテーマは実に多様である。ほんの少しだけ例を挙げると，情報社会論，マスコミ批判，大衆感覚の分析などなどがある。この場合には，「主婦論争」とは逆に，家族の外の世界から家族へ接近するというおもしろさを指摘することができる。そこでおもしろさについてさらに考えてみよう。

▼おもしろくするには

現代家族論はおもしろいということを上のようにまず確認したが，ここで大事なことは，おもしろいから関心をもとうということではなくて，自分が強く関心をもっているかどうかにかかわりなく，1つのテーマについて追求する仕方をおもしろくしようということであり，一般的には何を研究・学習する場合にも，おもしろくするということが肝要である。ではどのように研究・学習すればおもしろくなるであろうか。

はじめは誰でも主観的にならざるを得ないと思われるので，まず主観的でもいいから家族生活を見るにあたっての基準をもうけてみることである。その基準にもとづいて家族生活の現実や家族についてのいろいろな見解に取り組むと，自分がもうけた基準では実際とはどうも違うようだとか，あるいはまたさしあたりもうけた基準にたいする強力な反対意見あるいは参考意見にぶつかるなど，しばらくして限界にぶつかることが多いのである。ややむずかしいかもしれないが，反対と思われるような基準や見方を想定することによって，自分の頭の中で詰め将棋などの要領で論争してみることもおもしろくする仕方の1つである。これらのことは専門に研究している場合にも言えるのであって，自分の理論的視角からは現実が充分には説明できなくなったり，あるいは自分でも納得

できるような強力な批判・気づかなかった見方・新しい課題提起にぶつかることがある[7]。そうすると，これまでの見方をどのように修正・補強するかという課題が提起されたことになる。研究者の場合にはそれぞれの研究スタイルに応じた仕方で課題に取り組むことになるが，参考のために私自身の対応を紹介しておこう。ポイントは2つある。1つは，それまでの自分の基本視角・基本概念を，とらわれない心で再検討することである。具体的には初心にかえって重要な古典を読み返したり，分野の違う古典を新しく読んだりもする。もう1つは，課題にかかわる文献・資料を可能なかぎり多くあたってみることであり，時には親しい友人（研究者とはかぎらない）の意見を求めることもある。

　このような仕方は，レベルや文献量が違うだけで，専門に研究していない者にもおおよそ適用できるのではないかと思われる。具体的にはそれまでに接したいろいろな見方のなかから，自分が大体において賛成できそうな見方をもう1度探してみることである。そうするとよりベターであると思われるものが見つかるはずである。この場合，自分独自の考えだけでまとめない方がよい。というのは，独自に考えたつもりでいても，すでに誰かが述べている場合が圧倒的に多いからである。最近の学生には専門書からの受け売りが往々にして見られるが，たまには個性的なものもある。しかし，残念ながらそういう好ましい姿勢の学生にかぎって文献学習をしないままに一生懸命考えるのである。そうすると当人は独創的だと思っていても，大体においてすでに誰かが言っているのである。この意味でも先学の文献に多くあたることが大事である。

　さて，最初にもうけた基準でうまくいけそうならばそのまま進めばいいし，うまくいかないようだったら，上のようによりベターなものを探したり，あるいはおおよそ賛成できそうな複数の見解を組み合わせてみたりしながら，可能な範囲で多くの事実（データ，新聞，書物，あるいは独自の実態調査など）にあたることによって自分なりの現代家族論をかためていけばよい。もしうまくいかなければ，別の見方を取り入れるとか，くらべてみるとかという試行錯誤を繰り返していれば，新しい発見もあって次第にうまくいく方向へ進んでいくであろう。このように進める過程そのものが家族論をおもしろくすることにほ

かならないのであって，結論を急がないことが大事である。その場合，どのように進めるにしても，2つのこと（できれば3つでも4つでもよい）を結びつけて考えてみることが大事である。具体例を若干挙げると，家族構成と家族関係，収入と家族関係，家族と余暇生活，家族と地域などがあるが，その他関心に応じた多様なテーマがあるであろう。さらにおもしろくすることとして2つの仕方を挙げておこう。すでに述べたことであるが，1つは歴史的な見方である。トレンディ志向の家族論が氾濫しているこんにち，これを武器にしてそれらを批判することはわりと簡単であり，そのように批判することもまた現代家族論をおもしろくすることになるであろう。もう1つは家族以外の社会分野とかかわらせることである。このことを歴史的見方と結びつけると，日本社会史あるいは日本人論の範囲に踏み込むことになるので，ここでもまた新しい発見・知見にぶつかるというおもしろさが加わるであろう。

## 4 事実と見方について考える

### ▼見方によって違って見える事実

　導入部的なこの章を終えるにあたって，事実と見方について大事な確認をしておこうと思う。というのは，事実と見方がしばしば混同されがちであること，そして事実と見方の関連がかならずしも意識されていない場合が多いからである。事実と見方の混同の例は，学生の試験の解答にしばしば見られるので典型的な例を挙げておこう。例えば，「核家族論について論じなさい」という主旨の出題をしたことがあるが，〈核家族化〉と〈核家族論〉とを混同した解答が予想以上にあることに驚いたことがある。[8]核家族化とは家族構成（原理）が全体として核家族へと進展していくという現実の動向を意味するのにたいして，核家族論とは核家族という概念を軸とする家族の見方の1つである。したがって，核家族論について論じるとは，例えば，G・P・マードック，T・パーソンズ，そして日本の森岡清美などの代表的見解について論評することを意味する。しかし，学生の解答には日本の核家族化の動向について述べられているも

のがかなり多いのである。この場合には，核家族化の動向という事実を述べるにしても，それを核家族論の立場で述べるか，そうでない立場で述べるかによって，異なった論じ方になるはずであり，そのような論じ方であるならば，試験問題の解答としては許容範囲なのである。つまり，立場（＝見方）の違いによって事実が違って見えるということであり，したがって，事実はその材料なのである。このことをもう少し具体的に考えてみよう。

　すでに若干示したように，家族について語られていることは，ごく少数の例外をのぞいては，すべて事実である。しかし，当たり前のことであるが，ものの見方・考え方は社会生活のいろいろな分野に迫るにあたっては非常に大事である。そこで，同じ事実であっても，見方によっては違って見えるということを，巷でよく話題になる離婚を例として考えてみよう。マスコミ報道でもそうだし，常識的にもこの頃は離婚がずいぶん多くなったと思われている。果たしてそうであろうか？　離婚率の変化をみる場合，時間的にどれだけのスパンで見るかによって，同じ数字で示される事実が違った意味をもってくるのである。ここ20年ばかりのスパンで見ると，確かに増加傾向にあるのだが，100年のスパンで見ると，70年代末から80年代にかけて小さな山ができているにすぎないのであって，離婚の激増と騒ぐほどのこともないのである。さらに付け加えると，かりに激増と解釈したとしても，その意味が見方，考え方によって違ってくる。いくつかの解釈を例示すると，先に挙げた「家族解体」がすすんでいくという解釈，夫婦の絆が弱くなったという解釈，女性解放の前進の１つとする解釈など，違った解釈があり得るのである。

　次にシングル志向を例として考えてみよう。統計的数字は，単身世帯の激増をはっきりと示している。しかし，ライフコースに着目して生涯独身率に目を向けると，晩婚化つまり平均初婚年齢が高くなっていて，シングルを貫く志向がそれほど激増しているわけではないことがわかる。つまり，これら２つの例はともに家族の危機とか家族解体などの現実的根拠にはならないというのが私自身の解釈である。しかし，これとても解釈の１つであるにすぎないのであって，離婚の例についてもシングル志向の例についても，同じ事実にたいして，

見方・考え方の違いによって異なる解釈が充分可能であり，実際にも，異なる解釈がされている。

　はじめからむずかしくしないために，ここでは理論的方法の違いということにまで踏み込まないが，ほんの少しだけ違う視点から見るだけでも事実が違って見えるといことがおおよそうなずけるであろう。家族をめぐる現象にアプローチするにあたっては，1つの視点の違いにとどまらず，全体としての理論構成が原理的な点で大きく違ってくると，家族の現在が反対に解釈される場合もあり，単なる事実をいくら多く集めてみても，それ自体だけでは資料以上の意味がないことになるであろう。したがって，疑いもないなんらかの事実にたいしてどのような見方・考え方を採用するか，つまり理論的にどうであるかということがきわめて大事であることを強調したい。

## ▼多面的・総合的な見方が必要だ

　前の章の終わりの方で，歴史的視点，社会や個人との関係，トータル性，そして日本の特殊性という大事な見方について簡単に触れたが，それは多面的・総合的な見方にほかならない。ここで，そのような見方の具体的内容を整理しておくとともに，どんな進め方が適切であるかを示しておくことにしよう。

　「家族の定義は？」などと言うととたんにむずかしく思われるが，「家族って何だろうか？」と問うてみることと同じである。普通にはそんなことをあまり考えないで日々生活しているはずであるが，あらためてそのように問われるととまどうのではないだろうか。しかし，「現代家族論」を学習・研究しようとするからには，なんらかのプリンシプルにもとづくという意味で，この問いを避けて通るわけにはいかないであろう。そこで，家族社会学のなかで一般によく採用されている定義について考えてみよう。

　「家族とは，夫婦・親子・きょうだいなど少数の近親者を主要な構成員とし，成員相互の深い感情的包絡で結ばれた，第一次的な福祉追究の集団である」[9]
　この定義には，家族構成，家族関係，家族機能（あるいは集団的特質）という家族の諸側面が盛り込まれていることを確認することができるが，この定義

を採用するかどうかはともかくとして，家族論を展開するには，少なくともこれらの諸側面すべてについて見ることが多面的に見ることの第一歩である。この場合，家族とは何かということが明確に確認されていなくても一向にかまわないのであって，家族とは何かという固定した先入観がない方がむしろよいのである。

　次いでそれら諸側面の相互関係を見ることが総合的に見ることの第二歩であるが，はじめから欲張ってすべての諸側面の相互関係を見るのではなくて，まずは2つの面の関係からはじめて次第にすべての面に射程を拡げていけばよいであろう。例えば，近代家族について考える場合には，これらすべての側面が近代家族と考えられているものと見ることができるかどうかといきなり考えるのではなく，家族構成の面では近代家族と言えそうであるが，家族関係の面ではどうも違うのではないだろうかというふうに，まずは2つだけを取り上げて考えてみることである。そうすると，そのように違うのはなぜだろうかという問いが当然出てくることになるであろう。この問いを推し進めるには，必然的に見方を広くしていくことになるはずであり，しかも，さしあたっての考え方（あるいは視点）を決めておく必要に迫られるはずである。

　第三歩は，家族と構成員それぞれとの関係を見ることである。諸個人にとっての家族とは？　というかたちで一般化することができるが，具体的に言えば，家族内の地位によって家族の意味が違ってくる，つまり夫あるいは父親にとっての家族，妻あるいは母親にとっての家族，子どもにとっての家族は意味が違う場合が多いということにほかならない。さらには高齢者にとっても意味が違うこともあるであろう。例えば，当たり前のことであるが，親にとっては家族は子どもを育てるという意味やその他いろいろな意味をもっているのにたいして，子どもにとっては育てられるという意味がある。そうすると家族についての感じ方も当然違うことになる。しかも，親と言っても父親と母親では違う現状にある。そこでまた，なぜだろうという問いが出てくるはずである。高齢者の場合も一様ではないはずである。このことから，ややむずかしく言うと，家族の客観的意味とそれぞれが感じる主観的意味の両方を射程に入れて関係を見

る必要が出てくることになる。このようにして，第二歩は第三歩へ，第三歩は第四歩へ………と進んでいくことを求めるであろう。

　第四歩は，家族と社会との関係を見ることである。この場合には2つの視点から見る必要がある。1つは，社会にとって家族とはどんな意味があるのか，あるいは社会は家族に何を要請しているのかという一般的な視点である。そしてもう1つは，家族一般ではなくて階層の違いによって，社会が家族に求めていることが違うという視点である。[10]そのための階層的視点（立場によって階層の見方が異なるが）の設定は，家族と社会の関係をみるにあたってはぜひとも必要である。と同時に家族にとって社会とはという視点も必要なのであるが，そこまで進むと完全に専門の領域に入ることになる。考える射程をそこまで拡げて具体的に踏み込むと，社会的要請とそれぞれの家族の要求がしばしば矛盾することに気づいたり，階層による違いから家族を一様に見ないことが必要であることに気づくであろう。以上のことを一般化して言えば，家族を特定の視点から一様に見ないということにほかならない。そして最後に，歴史的変化を射程に入れて整理すると，多面的・総合的見方がほぼ充たされることになるであろう。

**註**

1) 外国とりわけ欧米からの影響は日本の社会科学全般に認められることであるが，このタイプについては特に顕著である。外国からの「輸入」を全面的に否定するつもりは毛頭ないが，単なる紹介でないならば，日本の現実との関係でどのように適用するかが問われるであろう。
2) ここでは「家事」「子育て」という表現に注意すること。というのは，「家事労働」は経済学的概念であり，いわゆるサービス労働として商品化が可能であり，主婦の無償労働という見方はその論理的帰結であるが，「家事」は「家事労働」に単純に還元できないものとして概念的に区別する必要があるからである。また，「育児」という言葉は子どもが何歳までを意味するかがわからないというあいまいな表現である。したがって，子どもの自活というはっきりした区切りのある「子育て」ということばが適切である。
3) 相対的に若い世代の夫が家事・子育てへの参加が多くなってきているという実態については報告が多くなっており，そのかぎりではまぎれもない事実であろう。しかし，そこから男性の意識の変化傾向をストレートに導き出すのは早計

であると思われる。問題はそのような若い世代が10年後、20年後にも同じであるかどうかにあり、慎重に判断する必要がある。かつて「団塊の世代」が若い頃には「ニューファミリーの誕生」ということが喧伝された例、いわゆる「新人類」あるいは「異星人」という若者論が流行した例などについて、時の経過とともにどうなったかを考えてみればよいであろうか。

4）「近代家族」については、それ自体が何であるかということを検討する必要があるテーマだが、ここでは固定的性役割分業の意識にもとづくという程度に受けとめてよいであろう。というのは、「家族の危機」という場合には実際の家族生活よりも意識レベルで言われていることが相対的に多いからである。

5）博報堂生活総合研究所編『「半分だけ」家族　ファミリー消費をどう見るか』（日本経済新聞社　1993年）16ページ

6）小浜逸郎『男がさばくアグネス論争』（大和書房　1989年）154ページ

7）私自身の例を参考までに挙げておこう。戦後日本の家族問題の時期区分をはじめて示した1976年の見解にたいする湯沢雍彦氏からの批判が納得のいくものだったので、戦後日本の家族生活・家族問題の変化を勉強し直して、1985年には家族生活・家族問題を基準とする時期区分に修正することになった。

8）もっともこの点については、核家族論をめぐる講義の時にはくどいほど念を押して説明しているので、講義に出席しない学生の解答であろうと推察されるが、学生にかぎっているわけではない。混同の例を引用しておこう。「いまや、家族の姿は実に多様化し、………夫婦別姓家族あり、家庭内離婚あり、……主夫家庭あり、クレーマー家庭あり……。おそらくこれらは、個人が成熟したからこそ現れてきた家族像であり、……」という専門家の文章について、前半の「家族の姿」は現実であり、後半の「家族像」は意識を意味する。つまり現実の多様性を現実の具体例によってではなく意識の多様性で説明していることになる。

9）森岡清美・望月嵩共著『新しい家族社会学』（培風館　1983年）3ページ

10）これをめぐっては、理論的にもムズカシイ問題なので、導入部としてこれ以上は触れないが、より詳しくは、飯田哲也『家族と家庭』（学文社　1994年）56〜58ページ参照

# 第2章　現代日本の家族生活の変化

　家族の現在をどのように見るかということは，すでに述べたように，おもしろさとむずかしさが同居している見方である。おもしろさにばかり惹きつけられていると，見方がひとりよがりになったり中途半端になったりする。むずかしさ，ややこしさのなかにおもしろさを見つけていくことが，本当におもしろい現代家族論にしていくことだと思う。そのためには，いまの家族だけを見るのではなくて，歴史的変化をきちんと見る必要があると同時に，いろいろなことを結びつけて見ることが大事である。そうすると，家族生活の変化については一定の傾向がはっきり出ていることがわかる側面があるとともに，マスコミなどで変化が喧伝されている側面のかなりの部分が短い時期だけの特徴にすぎないこともまた簡単に確認することができるであろう。家族だけにかぎらず他のすべての生活分野にたいしても言えることであるが，家族の現在を見るにあたって私が大事だと考えていることを，すでに述べたことと重複しながらも，ここで再確認しておこうと思う。第一には，歴史的に見る，つまりやや長期的な変化にもとづいて家族の現在を位置づけることが大事である。歴史を遡れば遡るほどよいのだが，どれだけ遡るかは具体的なテーマによっていろいろであろう。第二には，トータルに見ることが大事である。家族の主な側面としては家族構成，家族関係，家族機能，集団的特質などを挙げることができるが，それらを全体として関連づけて見ることが大事である。第三には，家族そのものを見るだけでは不充分であって，具体的には社会のあり方，他の諸集団，家族構成員としての個人の3つを視野におさめることが必要であるが，とりわけ社会，家族，個人の3つの相互関係について見ることが大事である。家族と社会との関係については家族の受動性・能動性・相対的独自性という3つの視点が必要であるというのが私の基本的見解である[1]。その場合には，なんとなく関連させるのではなくて，生活を軸にして見るというのが私の「社会学思想」に

よる基本的な考え方であることも言っておいてよいであろう。

　生活を軸にして見るという点は，社会学的にはいつの時期でも基本となるが，上に挙げたことは，現象としての多様化が進めば進むほど大事になってくるはずである。例えば，1つの生活スタイルが家族の相対的独自性の現れであるように見えるケースであっても，マスコミなどの世論操作による受動性の現れであることが往々にしてあるのである。そこでこの章では，戦後50余年の家族生活の変化を日本社会の変化，国民生活の変化と結びつけてトータルに見るとともに，その時期その時期の焦点をはっきりさせることを通して，変化の意味と変化にともなう（「変化による」ではない）いろいろな問題についても考えてみることによって，日本の家族がそれぞれの時期にどんな課題を抱えていたか，そしてその延長線上にある現在はどうかを明らかにしようと思う。すでに述べたように，現代家族論が「現代家族論」論にならないようにするためには，この章で示すような現実認識についての一定の整理がぜひとも必要なのである。家族の変化を見るための時期区分にはいろいろな見方があるが，ここでは，経済的条件と家族生活・家族問題の性格の変化に注目して，戦後復興期（1945年〜1960年頃），高度経済成長期（1960年頃〜1970年代中頃），「ポスト成長期」（1970年代中頃〜1990年代中頃）という区分を採用する。その有効性あるいは不充分性については，あとの章で家族論の検討を通して考えることになるであろう。

## 1　敗戦によってどんな変化が起こったか

### ▼戦後改革と日本社会の変化

　家族の変化を大きく条件づけるという意味で，1945年8月15日の敗戦による日本社会の変化について確認することからはじめよう。アメリカ占領軍の主導による戦後改革としての「民主化」政策は多岐にわたっているが，その基本的性格を具体的に確認することが大事である。というのは，その後50年間に日本社会は大きく変貌したが，民主化を基準として見ると，当時の戦後改革そのも

のに徹底，不徹底のアンバランスがあるとともに，戦後改革のその後の進展にも政治，経済，社会・生活などの分野によってその実質化にアンバランス（後退も含む）があることを確認する必要があるからである。しかも，戦後改革の基本的な性格は形式的にはずっと続いており，1980年代後半頃からようやく新たな変化の兆しが出てきているのではないかとも考えられるからである。

　しかし，50余年が経過したこんにち，戦後改革という事実とその歴史的意味はほとんど忘れさられているかに思われる。歴史学が専門ではない私が以下に簡単に確認する程度の事実にたいしてさえも，学生たち（時には人文・社会科学専攻の大学院生まで）が「そんな事実があったのか，はじめて知った」と反応する場合が圧倒的に多いのである。つまり，戦中・敗戦直後の体験からほど遠い世代にとっては，戦後改革とその歴史的展開（後退も含む）はほとんど念頭にないのではないかとさえ思われるのである。高校までの日本史の授業では日本現代史がおそらくほとんどされていないのかもしれない。しかも，「家族論」では変化に触れられていても，変化の性格が具体的にきちんと確認されていない場合が圧倒的に多いのではないだろうか[3]。すでに述べたように，家族生活を他の分野ともかかわらせながら日本社会のなかに位置づけるという意味では，はじめにこのような確認をしておくことがぜひとも必要なのである。

① 戦後改革の徹底と不徹底

　アメリカ占領軍のいわゆる「五大改革指令」にもとづく主な戦後改革としては，経済改革（農地改革を含む），政治改革，教育改革，国民生活に関する改革などを挙げることができる。これらの改革の徹底・不徹底が民主化のその後の展開を方向づけることになり，家族生活を条件づける大枠という意味で，今いろいろと起こっている事柄に密接に結びついているのである。だから，改革の徹底・不徹底についてはそれぞれの社会分野で確認しておくことが大事なので，歴史的見方や政治的立場の違いによって改革の徹底・不徹底についての解釈が異なることを承知の上で，簡単に整理しておこうと思う。経済改革と政治改革はおおむね不徹底なものであった。例えば，経済的平等を目的とした経済改革における本社のみの財閥解体，政治改革における戦犯問題の処理や官僚機

構の実質的温存などがそうである。ただし，寄生地主の特権の物質的基盤を解消する農地改革については，山林はともかくとして，小作地が45％から9.7％へ激減したことに見られるようにほぼ徹底したものであったと言えるであろう。教育改革と国民生活に関する改革については，治安維持法などの弾圧法規の撤廃や新しい憲法にもとづいた教育基本法の制定，民法の改正，労働三法の制定など法律上ではかなり徹底したものであったが，あとで述べるように「家」制度の廃止がただちに民主的家族関係をもたらすわけではないように，国民の主体的努力によるそれらの実質化という大きな課題が提起されていた。例えば，教育基本法があるなかでの現在の教育の荒廃，労働三法があるにもかかわらず，自主規制的なかたちで実質的には遵守されていない状態などはそのことを端的に示している。

② 基本的変化

ごく一般的には上のように理解される「民主化」政策による日本社会の基本的変化については，2つの確認が重要である。1つは，国民生活の大枠である支配関係の変化であり，もう1つは，国民生活に直接結びつく「民主化」そのものをめぐる変化である。この2つは，資本主義社会として再出発した戦後改革というこの時期における経済復興と民主化の遂行という2つの課題と不可分の関係にある。周知のように，天皇制を大きな特徴とする近代日本社会では，寄生地主・財閥，そして天皇と結びついていた高級官僚・軍部が支配層をなしていたが，このような支配構造が崩壊し，かわってアメリカ占領軍の支配下で，財閥解体によって弱体化したとは言え，独占資本のみが支配層として存続することになった。この確認はその後の日本社会の基本的な性格を考える上ではきわめて重要である。戦後50年の史的展開の過程で，この支配構造が変化したのかあるいは存続しているのかについては，論議の分かれるところである。変化したという認識の場合には，どの時期にどのように変化したかを歴史的事実によって論証する必要があるが，戦後史の分野で納得できるような論証には寡聞にしてまだ接していないので，私は基本的には変化していないのではないかと見なしている。

③「民主化」政策とは

　次に，具体的な「民主化」政策としては，国民の権利にかかわるものとして，特高警察の廃止・政治犯の釈放・治安維持法の撤廃，そして労働組合など結社の自由，思想・表現の自由，婦人参政権などを挙げることができる。国民の意識などにかかわるものとしては，天皇神格否定宣言・教育勅語の廃止・神道と国家の分離などを挙げることができる。そして，戦後民主主義の基本性格をもりこんだ『日本国憲法』では，象徴天皇・戦争の放棄・主権在民・基本的人権などの「民主的条項」が明文化されたことをぜひとも確認しておく必要がある。というのは，その後の日本社会の史的展開においては，これらの実質化が常に問われてきたし，また問われ続ける必要があるからである。このことを理論的に言えば，家族生活を規制する意識的条件を意味する。すなわち，物質的条件としての制度は意識的条件なしには実質化しないという意味にほかならない。いわゆる「政治不信」という名のもとに，国民の主体性の発揮以外にこれら「民主的条項」の実質化が進まないことが忘れられているような雰囲気が感じられる最近の日本では，旧くして新しい民主化の実質化を問いかつ何かをすること・そのための意識的条件を追求していくことがとりわけ大事であろう。新憲法の制定を含む「民主化」政策（実質はGHQによる改革指令）は，いろいろな評価があるにせよ，国民の自由・平等を形式的には一般化する性格のものであるが，そのことによって近代的市民としての自主性が国民のなかにただちに醸成されたわけではなかった。と同時にいろいろな意味でその実質化が問われ続けることになる。

　具体的には多岐にわたる一連の「民主化」政策のなかで，この時期の家族生活をめぐっては，その後の国民生活にとって大きな枠組みになる（あるいは方向づける）経済復興政策のもとでの国民生活の状態と「家」制度の廃止の2つに注目することにしよう。なお，家族生活におけるその他の変化については，あとで触れようと思う。

### ▼経済政策と飢餓的貧困

　戦争と敗戦で甚大な損失を蒙った経済の復興が焦眉の課題であったことは，誰もが否定できない歴史的事実である。だから，経済復興のためにいろいろな政策がとられたが，ここで大事なことは，経済復興政策と家族生活の経済的条件との関係である。

　① 経済政策の基本性格

　傾斜生産方式，復興金融公庫，価格差補給という経済復興政策ではっきりとわかるように，経済復興は生産力の回復・発展，具体的には生産財生産の重工業の発展に最重点を置いた政策であった。ここでは傾斜生産方式にのみ簡単に指摘しておこう。「この内容は，輸入重油を鉄鋼部門に集中し，増産した鉄鋼を石炭部門の出炭施設に集中的に投下する，増産した石炭を鉄鋼部門の増産に振り向ける。こうして鉄と石炭の循環的増産をはかるものであった」[4]。そして，復興金融公庫の融資も価格差補給も石炭と鉄鋼という2つの産業に「傾斜」させるものであった。その後の国民生活を基底的に条件づける経済政策の性格は，戦後50余年を通して続いているという意味で，この確認はきわめて重要である。すなわち，政策でも考え方でも経済発展（＝資本蓄積）が最優先されるかたちで戦後日本社会が展開していくのである。そのような経済政策のしわよせは中小企業に集中し，失業の増大と働く国民一般の経済生活の悪化をもたらすことはしごく当然であろう。現在でもそのようなあり方は基本的に続いており，経済の安定という名のもとでの大企業優先あるいは特別扱いという最近の具体的事例を想起すればよいであろう。したがって，国民の消費水準の向上は経済発展を追求するかぎりにおいて，それに従属するもの（後回し）としての結果に過ぎないということにほかならない。誤解を避ける意味でことわっておくと，私は，経済復興政策そのものを全面的に否定しているのではない。この時期の経済状態からして経済復興政策はぜひとも必要であったと言えよう。しかし，経済の復興・発展は国民生活向上の手段であるにもかかわらず，それが至上目的とされたこととそのような性格の経済政策がその後も一貫して存続していることを指摘したいのである。

② 飢餓的貧困について

周知のように，敗戦によって海外の植民地がすべて失われ，戦災によって大都市の多くは廃墟と化して物質的生産力が大幅に減少し，成人男性の労働力も大量に失われた。経済のそのような崩壊状態のもとで，大部分の国民は戦争中から引き続いてその日の食べ物にも事欠くという飢餓的状況とも言える極度の経済的貧困に陥っていた。「廃墟と化した都市」とか「極度の経済的貧困」という表現はこの時期を語る決まり文句と言ってもよいであろう。しかし，戦後50余年が経過したこんにち，「飢餓的貧困」という場合に，例えばエンゲル係数を使っての家計構造によって経済的貧困について説明をしたとしても，戦中・敗戦直後の生活体験のない者にどれだけ実感されるであろうか。「廃墟と化した都市」という場合には，空中からの映像として鮮明に示されたかの「阪神・淡路大震災」のもっとも被害の大きかった地域が，空襲による被害があった多くの大都市のこの時期の姿に他ならないというかたちで具体的に語る必要がある。次に指摘する「食糧メーデー」との関連で，「極度の経済的貧困」についてはさらに具体的に語る必要があると思われる。

例えば，学生との会話で，「当時はごはんがほとんどなかった」と話すと，「ではおかゆだったんですか」という反応があったことがある。これが戦中・敗戦直後を体験しない世代つまり〈戦争を知らない子どもたち〉の感覚であり，そのような世代がどんどん増えているのである。大根の葉ばかりがむやみに多くてどんぶりをかき回すとやっと少しだけご飯が見つかるという雑炊，いもなどの「代用食」の日々，野山で食べることができる物は「間食？」としてなんでも食べた子どもたち，そして着たきりの衣服と破れたところをゴムの「はんだづけ」した短靴，プレハブよりお粗末なバラックあるいは農家の物置納屋での住まい，これがこの時期の経済的貧困の一端である。したがって，この時期の家族問題とは経済的貧困問題に尽きると言ってもけっして言い過ぎではない。先に挙げた経済政策と国民生活の状態との関係を象徴的に物語っているのが，かの有名な「食糧メーデー」と「暴民デモ」声明である。1946年5月1日にメーデーが復活したのに続いて，5月19日にはいわゆる「食糧メーデー」がおこ

なわれたのにたいして、吉田内閣を支えるものとして、マッカーサーが「暴民によるデモ」という声明を出したことである。

1955年には経済の高度成長がはじまったことにも照応して、翌56年の『経済白書』では「もはや戦後ではない」と言われ、国民生活の向上がさかんに宣伝されるようになる。敗戦直後のような極度の飢餓的状況を脱したことは確かであり、平均としての消費水準は若干向上したが、大多数の国民の収入はむしろ停滞しており、資本の第二次合理化政策のもとでの失業率の増加と収入格差の増大は、国家と結びついた独占資本による国民収奪の厳しさを物語るものであり、経済的貧困問題が相変わらず続いているなかでの経済成長、あるいはそれを犠牲にしたかたちでの経済成長であった。消費水準がほぼ全体として実質的に向上し、経済的貧困問題がかなりの程度部分化するようになるには、60年代後半を待たねばならない。

ここで家族政策について一言触れておこう。経済政策のすべてが家族政策ではないが、家族生活の重要な条件としての経済政策については、皆無にひとしいということがこの時期の特徴であり、消費水準の向上が自然成長性に委ねられていたと言えよう。日本人が「働き蜂」とも言われているのは、より多く働くことによってしか経済発展に応じた消費水準の向上が望めないところにあるとも言えよう。

### ▼「家」制度の廃止をめぐって

経済政策が家族生活を大きく条件づける政策であるのにたいして、家族構成・家族関係・家族意識など家族生活の重要な側面に直接結びつくという意味では、戦後改革の最大の1つである「家」制度の廃止がこの時期の唯一の家族政策であったと言えよう。しかし、廃止された「家」制度は、戦後50余年が経過しているとはいうものの、忘却の彼方へと捨て去るにはあまりにも大きな意味をもっている。現在でもはっきりとは意識されないで日常的な家族生活の営みのなかにあるだけではなしに、国民生活のあらゆる分野に深くかかわり続けているのが「家」制度である。そこで、「家」制度とは何かということを、ま

ず簡単に確認してから変化を見ることにしよう。

「家」制度とは，先祖代々の「家」の存続を基本とし，そのための家族の秩序を意味する制度であるが，具体的には2つの特質があったと言ってよいであろう。1つは，家族生活そのものにとっての意味として，家族関係および家族意識を直接的に規制する物質的条件であるところの男性の戸主権・親権・夫権に代表される家父長制的性格を制度化したものであるという特質である。具体的には家族構成員の不平等，とりわけ両性の不平等のイデオロギー性を含む制度化にほかならない。もう1つは，その社会的意味として，戦前の資本主義の発展と天皇制国家の強力な支柱の1つであるという特質である。具体的には廉価な労働力の恒常的確保と支配体制保持のための天皇制イデオロギーにもとづく非民主的意識の一般化としての意味をもっていた。したがって，家族生活を決定的に制約する意識的条件と物質的条件を，近代日本社会のあり方に照応するかたちで，兼ね備えていたのが「家」制度であったと言えよう。すなわち，天皇制国家を維持するための意識的条件とは，血統を重視する価値観，忠孝一体意識，身分的階層意識などである。物質的条件とは「家」制度そのものであるが，具体的には男女の不平等，家産の単独相続を含む長男の優越，親族に及ぶ扶養義務などは，戦前の資本主義の発展における国民収奪を容易にするとともに経済的貧困の条件を意味するものであった。[6]

新しい『日本国憲法』第24条〔家族生活における個人の尊厳と両性の平等〕では「婚姻は両性の合意のみに基いて成立し，夫婦が同等の権利を有することを基本として，相互の協力により，維持されなければならない」と明確に規定されている。この憲法にもとづく新民法は夫婦制家族を基本とするものであり，また子どもの権利については，『児童福祉法』(1947年制定)に定められている。例えば，「すべての児童は，ひとしくその生活を保障され，愛護されなければならない」(第1条第2項)は，長男とか女子とかという差別なしに子どもが平等に扱われる権利があると理解されるであろう。したがって，「家」制度は当然廃止されることになった。民主化との関連で対比を鮮明にするという意味で，参考として明治憲法にも触れておこう。新憲法の〔第二章　国民の権利及び

義務〕では,基本的人権がいろいろな生活分野において家族生活と同様に明文化されているが,明治憲法でそれに該当する〔第二章　臣民権利義務〕では(第18条～第30条),「法律ノ定ムル所ニ従ヒ」という表現になっているとともに「権利」という表現は全くないのである。1つだけ例示しておこう。「第29条　日本臣民ハ法律ノ範囲内ニ於テ言論著作印行集会及結社ノ自由ヲ有ス」。つまり,国民の様々な権利は個別の法律によっていくらでも制限することができたのであり,事実,いろいろな点で制限されていたことは言うまでもない。

　しかし,「家」制度の廃止がただちに民主的な家族関係や家族意識さらには民主的な社会関係をもたらすものではなく,この改革については,実態と意識あるいは思想としてどうであったかの確認がぜひとも必要であろう。先に指摘した2つの特質によってもわかるように,「家」制度は,日本人の意識と人間関係さらには日本社会の性格と密接不可分の関係にあり,現在でも,それの家父長制的性格であるとは意識されないで,変化した家父長制としての意識的条件として存続しているからである。しかも,新しく制定された戸籍法および住民登録法はその点にあずかっての意味をそなえていた。「家」制度を家族関係だけの問題として狭く捉えるとそのことが見えなくなると思われる。詳しくはあとで触れるが,「男は外,女は内」という固定的性役割分業はそのような意識的条件によるものであることを典型的に示しているものであり,戦前の資本主義の急速な発展と同様に,戦後の高度経済成長と密接不可分の関係にある。

　いわゆる「家」意識については,農村部では旧来と大きく変化していないことから,この時期の産業構造(農業が過半数)からして,日本全体がそうであったと言ってよいであろう。50余年が経過した現在ではどうであろうか。一定の変化はあるが,新聞の身の上相談や類似のテレビ番組での例にしばしば見られるように,家の継承をめぐる問題,結婚における親の反対の問題,さらには〈○○家・××家結婚披露宴〉という表示が圧倒的に多いことなどは家族に直接結びつく問題であるが,上に指摘したように,その社会的意味をも考えるならば,「家」制度は博物館入りの過去のものではけっしてないことを示していると言えよう。したがって,制度,実態,意識の面から,民主化と非民主の

残存という対抗関係にもとづく整理が常に必要であろう。「家」制度の精神として日本古来からの「美徳」という意識が全くなくなったわけではなく，その復活が「家」制度復活論などいろいろなかたちで繰り返し企図されている。この意味において，あとで触れるように，新しい家族論が現れているとしても，この問題を見過ごすわけにはいかないのである。

## 2　高度経済成長は何をもたらしたか

### ▼体制の確立と経済成長

　高度経済成長を通して家族生活が大きく変化したことはまぎれもない事実である。しかし，この変化についてどのように見るかということは，前章での戦後改革としての「民主化」についてどのようにみるかということが大事であったと同じように，きわめて大事なことである。この時期の家族の変化については，高度経済成長がもたらした「産業化」・「都市化」の進展にともなって云々というかたちで論じられることが多いのである。しかも一般的にはそのような変化が近代化の進展を意味することが暗黙の前提になっている。この時期の家族生活の変化については，〈近代化と現代化の同時進行〉という説明の仕方がされていることもある。しかし，その場合には「近代化」とは何であり「現代化」とは何であるかが明確にされる必要があるが，そのような見方・論じ方の検討は理論問題なので，詳しくはあとで触れることにして，ここではそのような単純な見方で果たしてよいのかという意味でのみ若干指摘しておこう。1つは，「産業化」・「都市化」の進展は事実には違いないが，そのような論じ方では「産業化」・「都市化」の進展が社会的背景または影響として位置づけられることになり，理論的には家族と外社会が結びつけられないのではないかということである。もう1つは，この時期に「近代化」と「現代化」がはっきり区別できるかどうかということ，そしてそれとの関連で「民主化」の進展あるいは後退についての現実認識および「民主化」の理論的位置がはっきりしないという問題を抱えていることである。家族・国民生活の変化と諸問題は，先に確認

した経済復興の性格と民主化の動向の延長線上に位置づけて理解しなければならない。したがって，この時期の日本社会の重要な変化の確認もまた前の時期と同じレベルでの見方によることがぜひとも必要なのである。

　経済分野での高度成長の影響の1つの結果としての消費水準の向上，および高度経済成長にともなう新しい矛盾・問題が国民生活に具体的に出てくるのは，数年あとの1960年頃からである。そこで，この時期の社会体制つまり日本社会の基本性格をまず簡単に確認しておくことからはじめよう。1955年頃を起点とする高度経済成長については，先の経済復興政策に続くその後の進展と民主化の動向との関連ではどのような性格として理解されるであろうか。高度経済成長は経済（あるいは資本蓄積）を自然成長性にまかせた結果ではなくて，経済政策を軸とした労働政策その他の諸政策によるものである。具体的には，オーバーローンをもたらす低金利政策や租税特別減免措置は資本の高蓄積を促す政策であり，生産性向上運動と労働条件の改善は労働力確保のかぎりにおいての政策であったことを指摘することができる。そのような諸政策を遂行していくためには，「安定した」社会体制が必要であることは言うまでもないであろう。最近ではほとんど言われなくなったり，あるいは単なる与件として軽く取り上げられる傾向が多いようだが，サンフランシスコ条約を経て「60年安保体制」さらには「70年安保体制」という日本社会の基本的性格がこの時期に確立したことの確認はぜひとも必要である。ここでは「安保体制」を具体的に展開するつもりはないが，このことは敗戦後の変化として確認した支配構造の実質が日米関係の基本的な性格をも含めて1つの社会体制として存続し，しかもはっきりと確立したことを意味する。日米関係は両国の歴史的変化とりわけ世界経済での地位の変化によって当然変化しているが，この時期に確立された安保体制の基本的性格そのものは現在も依然として存続しているからである（具体的には例えば米軍基地問題や米軍関係者にたいするいわゆる「思いやり予算」の継続的な増額を想起せよ）。

　そのようななかで急激に変化した就業構造や産業構造の特徴については，第一次産業の激減と第二次・第三次産業の増加とりわけ第三次産業の急増が顕著

であること，就業人口構造もほぼ同様の変化をみることになる。ちなみに1955年から75年の就業人口比の数字を挙げると，第一次産業では50.0％から14.1％へ，第二次産業では20.3％から33.8％へ，第三次産業では29.7％から51.8％へと大きく変化している。この変化は原理的には賃労働者化＝労働力の商品化の進展としておさえることが大事である。すなわち，55年には自営業が過半数を占めていたが，労働者層が60年には過半数を超えて75年には62.3％を占めるようになったことである。このことは，経済成長という言葉でもわかるように，生産力の飛躍的増大を意味するとともに，とりわけ自営業の激減に示されるように階級構成の変化を意味する。しかし，国民生活について考えるならば，高度経済成長がそのまま国民生活の経済的豊かさをもたらすものではなかった。

戦後日本資本主義の発展は，アメリカの支配下で，1966年に資本主義国のなかで第五位であったGNPが68年には第二位という超スピードの飛躍を示すが，敗戦後の経済復興のスタートから生産財重点の経済成長を特質としており，資本輸出も含めて「集中豪雨的」とも言われている輸出は現代的な「帝国主義的海外進出」という意味を含んでいるとも考えられるのである。憲法の［平和条項］の制約のものでの経済的海外進出は，独占資本と結びついた国家政策（すでに指摘した経済政策を軸とした諸政策）としての低賃金と高物価による国民生活の圧迫を当然ともなうものであった。これについては，1960年前半には先に指摘したような労働政策によって全体としての賃金が一定程度上昇し，年齢別そして企業規模別による賃金格差を一時的には縮小した。しかし，そのような傾向は長くは続かないで，名目賃金と実質賃金の増加の違いおよび賃金の企業間格差の増大が進行していくことを指摘すれば充分であろう。これらは家族生活を大きく制約する物質的条件であり，私は「豊かさ」による消費水準の向上を全面的には否定しないが，このような条件についてはぜひとも確認する必要があることを強調したい。

## ▼家族生活の変化

### ① 家族構成の変化について

ほぼ周知のことではあるが,家族構成における核家族世帯率の増加そして小家族化がこの時期に急速に進展することになる。核家族世帯率そのものは,1955年の62.0％にたいして75年の74.3％とそれほど急増しているわけではないが,1世帯当たりの人数が4.97人から3.44人と急激に減少したことに示されているように小家族化が進展し,この組み合わせによって核家族化が進展したと言われているのである。この時期には松原治郎『核家族時代』（NHK ブックス1969年）をはじめとして「核家族」という言葉が流布され,官庁の家族統計にも使われることによって核家族化という意識的条件が作られていったのである。マスコミなどでは「家つき,カーつき,ばば抜き」などという「現代的家族」意識が紹介されたりしているが,先の物質的条件をもかかわらせておさえておく必要があろう。核家族世帯率が増加したことに関しては,家族意識のあり方の変化だけで説明すると「近代家族」的意識が浸透してきたように思われるが,他方では,住宅その他の経済的条件によってそのような家族生活の選択を余儀なくされている点を見落としてはいけないであろう。だからとは短絡的には言えないが,直系家族形態としての三世代家族など非核家族世帯が絶対数においてはいささかも減少していないばかりか1955年から75年にかけて63万以上の増加を見せていることもまた,あわせて確認しておこう。[8]

家族構成をめぐっての重要な変化として確認しておく必要があるのは,単身世帯・高齢者世帯が急増したことである。1955年の約60万から75年の約540万という単身世帯の増加もさることながら,高齢者世帯が上のほぼ1.5倍の増加率であるということはきわめて注目しなければならない変化である。「家」制度が廃止されてから20年あまりが経過したこの時点で,家族構成にかぎっては,その影響がほぼなくなったとも言えそうであり,いわゆる近代家族としての民主的な「友愛家族」の理念がようやく国民の意識に浸透してきたためであろうか。事情は人々の意識の変化によってのみ説明できるほど単純ではない。社会的変化と家族生活の変化との関連をもう少し具体的に考えてみよう。

② 家計構造の変化

　一般的結果について先に言えば，高度経済成長は消費水準の向上という一定の「豊かさ」をもたらしたが，商品化と都市化の進展のもとでの国民生活の「画一化」，家計構造の圧迫をもともなった。このことは，2つの意味で「資本主義的社会化」が進展したことを意味する。すなわち，資本主義化としての労働力の商品化の進展は，自営業や家族従事者の減少，労働者の増大と都市への移動を推し進めるとともに，サービス産業の発展はそれまでの家族内活動だけでなく，余暇分野での人間活動（サービス労働）としての新しい商品化を次々に推し進めた。「豊かさ」と映る状況のもとでの家計構造の動向については，2つの意味で「資本主義的社会化」の進展がはじまったことがみとめられる。すなわち，それまでは家計のなかで占める割合が相対的に小さかった教育費・交通通信費・医療費などが激増して重要な項目として固定的消費支出となりはじめるとともに，非消費支出の増大が家計を圧迫しはじめたことである。このことは，利便性の代償としての「問題状況」とも思われる次の時期の変化を準備することになる。これに加えて住居費の増加についてもおさえておくことが大事である。東京を中心とした大都市への人口（とりわけ若年労働力）の集中は，三世代の同居をきわめてむずかしくする条件をも意味する。したがって，消費水準の向上というかたちでの「豊かさ」については，所得倍増政策というスローガンのような単に所得額だけを見ないで，支出の内容を見ることの大事さを強調したい。

③ 両性の実質的不平等

　次に確認する必要があるのは，「主婦の誕生」というかたちですでに数多くの指摘があるように，「男は外，女は内」という固定的性役割分業が実際の家族生活ではっきりと確立したことである。自営業の激減と賃労働者化の進展がその社会的条件を意味する。さらに，家族生活にかかわる大きな変化として，時代が下るにつれて女性の賃労働者化が次第に増加していく傾向をも挙げることができる。一般には女性の「職場進出」と言われることが多いが，この場合，女性の賃労働者化の増加については，その中身をかなりきちんとおさえる必要

がある。具体的には女性の賃労働の実情はどうであり賃労働者化がどのようなかたちで増加したかということ、それとの関連で両性の平等の実質的前進がどうであったかということが重要である。この点での不平等を2つの点で指摘することができる。1つは男女の賃金格差についてであり、1960年代には格差が少しずつ縮小する傾向にあったが、70年代にはいってふたたび格差拡大が進んでいくのである。有配偶女性の就労の増加については統計的にはっきりみとめられるが、女性の職場進出の前進としてのみ単純に受け止めるのではなくて、その中身を問う必要がある。主婦の就労理由で多数を占めているのは経済的（家計）必要性であること、そして実態としては結婚・子育て後のパート労働が多いこと、したがって、私は単に「就労機会」の増大という冷厳な事実として受け止めた方がよいと思う。日本の女性の就業の特徴としてのM字型については言い尽くされているが、有配偶女性の就労が低所得層ほど多いこと、そして「男は外、女は内に外も加わる」ということが常態化していると言えよう。このことは、次の時期である「ポスト成長期」でもそれほど大きく変わってはいない。試みに朝の通勤時のターミナルの情景を見ればわかる。午前8時から8時半までの人の流れには30代以上の女性の姿が如何に少ないことであろうか。家族生活にとって統計的に確認できる変化については、その意味を具体的に問うことの重要性をここでは強調したい。

▼その他の生活の変化と社会問題

　高度経済成長以前の人々の生活では農業（そして自営業）が中心であり、農業を営んでいなくても生活のあり方は農民とそれほど大きな違いはなかった。つまり、家族生活が人々の生活の大部分を占めており、それに加えて地域生活やその他若干の生活があるにすぎなかった。しかし、上に示したように、高度経済成長は人々の家族生活を大きく変えることになった。家族生活以外の生活が——職場や家族外の余暇など——大きな部分を占めるようになったので、かつての地域や親族のようなクッションがなくなって、いろいろな社会分野の変化が家族生活に直接影響することになるのである。この意味で家族生活を考

えるにあたっては，家族を条件づけるものとしての家族以外の生活分野，しかも経済以外の様々な事柄にも目を向けないならば，きわめて不充分な見方になるであろう。

　そのことが端的に現れるのが「新しい社会問題」においてである。前の時期までは社会問題＝労働問題（あるいは経済的貧困問題）であったが，この時期にもそれが一定程度存続することに加えて，〈資本―賃労働〉関係にストレートに還元できない諸問題がでてくることになる。すなわち，公害問題・都市問題・過疎問題・青少年問題などのいわゆる「新しい社会問題」と当時言われたものである。例えば，少年非行については，かつては経済的貧困家族あるいはそれと同質とも見られていた「欠損家族」に多く発生していたのにたいして，この時期にはいわゆる「普通の家族」での発生が量的にも割合でも多くなるという事実を指摘することができる。ここで考えてみる必要があるのは「豊かさ」の意味と「新しい貧困」の意味である。「豊かさ」については，飢餓的状況からは一応脱出し，「古典的貧困」が部分化し，消費水準が向上したことは確かである。では「新しい社会問題」についてどのように考えるか。従前の「豊かさ」とは単に消費水準のみを指標とする見方ではないであろうか？ 経済学的認識としてはともかくとして社会学的認識としてはきわめて不充分なのではないだろうか。豊かな生活とは生活経済についてだけ条件つきで言える程度である。これに対置する意味での「新しい貧困」論として，「貧困」概念や「窮乏化」概念が拡大されたり，「精神的貧困」という主観的概念もつくられているが，果たしてどうであろうか。

　私は，生活構造との関連で「豊かさ」の意味を考えることが必要だと思う。そこで，生活構造の基本的な構成要件としての生活経済・生活関係・生活時間・生活空間という視点からこの時期の家族問題について考えてみよう。[11] 経済的条件としての生活費用，つまり経済的貧困と家計構造という問題だけではなく，それとは相対的に独立した他の3つの要件に現れる問題を指摘することができる。一般に「問題」とされている現象について，生活構造についてのこのような見方から例示してみると，親子の断絶や夫婦の断絶など家族員の断絶

的状況は経済的貧困のためではなくて「豊かさ」のなかでの生活時間，生活関係のあり方，特に生活構造の構成要件のアンバランス問題（例えばお金はあるが時間がない，あるいはその逆など）と考えられる。また，役割分担のアンバランスは生活関係と生活時間の問題であろう。余暇活動問題は生活時間と生活空間が大きくかかわっており，そして生活構造そのもののアンバランスなどがそうであり，労働時間と余暇時間を軸としての生活時間のあり方，様々なレベルでの生活空間のあり方，そして生活関係の家族員による共有のあり方などが果たして豊かであると言えるであろうか。

　生活構造と言う視角でこの時期の家族生活の変化を見るならば，生活経済に片寄った貧しさが進展しはじめたと言えるのではないだろうか。具体的イメージを浮かべるために筆者の例を1つだけ挙げておこう。図では生活空間がもっとも貧しくなっているが，これは自宅と職場を往復しているだけであるという意味だけではない。仕事の関係で遠方へ行くことが多いにもかかわらず，それ

[生活構造についての参考図]

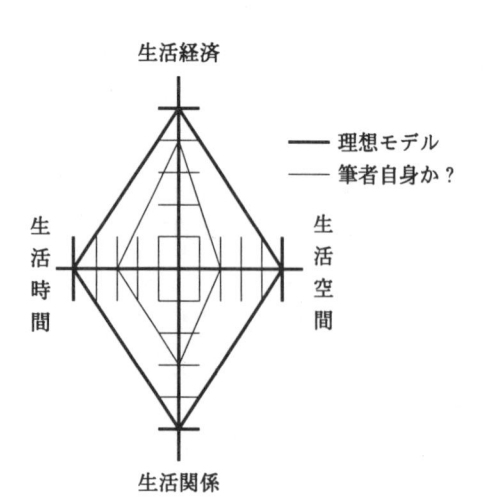

〈図の補足説明〉[12)]
　生活構造を動態的に捉えることは理論問題なのでここでは多く触れないが，まだ試論の域を出ない左図を参考として掲げておこう。これは高校野球の分析からヒントを得たものであり，筆者自身の生活の貧しさに気づかされるのである。5段階評価はまだきわめて主観的基準によるものなので，4つの構成要素それぞれのサブ概念をどのように具体的に整理していくかという課題を残している。

は点と線の移動にすぎないのである。例えば仕事で東京へ行く場合には，京都から東京へ行くのではなくて，東京駅経由会議のある建物という移動にすぎないことを意味する。海外出張をしばしばしている人にも似たようなケースがあるのではないだろうか。このように見ることによって，可能性としての家族問題を理論的に導きだすことができるが，この現実こそがこの時期の家族問題の特質であり，その深刻化が次の時期の「問題状況」へと進展することになる。この時期の家族生活の変化と家族問題は，日本社会の基本性格と経済成長政策が存続するかぎりにおいては，次の時期のライフスタイルの多様性を準備するとともに「問題状況」とも思われる現在へと進展していく必然性をもっているのである。

### ▼民主主義の前進と後退

　高度経済成長政策を基本とした政治，経済，国民生活（ここでは主に家族生活）についての諸政策の進展は，家族問題の性格の変化に象徴的に示されているように，社会・生活上でいろいろな矛盾・問題をもともなうものであったことは，容易に確認できるであろう。この時期もまた，具体的な現れ方は違っていても，経済発展の優先，国民生活の軽視という政策は基本的に貫かれていたことを確認する必要がある。そしてこのことは，民主主義と日本社会のあり方，民主主義と国民生活（家族生活とも読むこと）のあり方について具体的に考える必要があるという課題が提起されていることを意味する。なぜ民主主義を問題にするかということは，すでに述べたように，戦後の「民主化」の実質化が問われ続けるという価値選択によるものである。しかし，特定の価値選択は民主主義の内実をどのように見るかということにかかわるのであって，民主主義そのものは家族生活の意識的条件と物質的条件の重要な構成要件であるという意味で，特定の価値選択以上の意味をもつと思われる。民主主義について一般的に触れることをイデオロギー性をもつとして「中立性」を装うことこそが，逆にイデオロギー性の表明ではないだろうか。

　では，どのような意味でそうなのであろうか。民主主義については思想とし

てはいろいろな立場があり得るであろうが，かつて渡辺洋三は次のように述べている。

「民主主義社会というのは，"人間みな平等"の社会をいうのであり，合理的根拠のない一切の差別と不平等とは民主主義に反する，とわたくしは考えている」

「民主主義についてのもうひとつのメルクマールは，主体的観点からいえば，人間がみずからの手で社会をつくり，歴史をつくってゆく，ということである」[13]

ここに示されている民主主義についての考え方を，イデオロギー性抜きには果たして誰が否定できるであろうか。〈人間みな平等〉と〈人間が社会・歴史をつくる〉という2つのメルクマールについては，前者が主に物質的条件に結びつくものである。すなわち，社会全般における制度・政策とそれの運用という条件にほかならない。後者が主に意識的条件に結びつくのである。すなわち，〈人間みな平等〉という物質的条件を追求し前進させるという具体的活動に結びつく意識的条件にほかならない。むろん両者が截然と分けられるものではなく，前者をつくっていくのが後者であり，後者を保障していくのが前者であると言う不可分の関係にある。そこでやや具体的に見ると，民主主義をめぐっては，この時期には次のような課題が提起されていたことになる。

具体的な家族政策がないままで，経済発展のみが追究される政策は家族の経済的条件とその制約のもとでの家族生活のあり方を自然成長性にゆだねるという家族政策の実質は備えているのである。その結果，いわゆる近代家族と言われているものが一面的性格のものとして生み出されることになる。近代家族は「制度から友愛へ」という表現に象徴的に示されているように，自由な個性にもとづく愛情で結ばれた家族であり（愛情の表現の仕方はいろいろであろう），そこではまた自由な個性が発展するものとして性格づけられる。しかし，資本主義化の進展のなかで家族が自然成長性に委ねられるという家族政策がなきにひとしい状況のもとでは，家族生活はそのような政策のもとでの経済的条件に著しく制約されることになる。すでに述べたような経済優先の生活，経済優先

の意識,しかも社会にたいする受動性の強い家族生活が再生産されるということにほかならない。このことを民主主義の2つのメルクマールにしたがって考えてみると,〈人間みな平等〉については戦後改革が形式的にそれをもたらしたが,その実質化が問われつづけていることはすでに述べた通りである。その実質化にあたっては〈人間が社会・歴史をつくる〉という意識的条件の現実化こそが要請される。

　そのような状況の進展のもとで,上の意味での民主主義の行方をめぐっては1970年代前半の日本は岐路に立っていた。客体(あるいは状態)としての家族生活は,日本社会のあり方にたいして受動的存在であることを意味するが,その場合には,先に示した新たな諸問題に見られるように,消費水準の一定の向上や一面的な民主主義意識——社会・歴史をつくる主体意識ではなく個人的自由に傾斜した意識——によって,表面的にはライフスタイルの多様性が宣伝されているように,自由な家族生活の選択ができるという意識(＝近代家族意識)が拡がるが,経済的条件の格差の拡大と物質的および意識的条件の制約によって,その意識が幻想であるにすぎないことが実際の生活のうえで次第にはっきりしてくるにしたがって,[14]深部での「問題状況」を準備することになる。他方,主体(あるいは活動)としての家族生活は,日本社会のあり方にたいする能動的存在を意味する。一部上層の現状満足派はともかくとして,相対的に多数を占める現状不満派には日本社会の岐路という意味で2つの道があった。具体的には,社会労働運動と政治運動の結びつきや市民運動など家族の能動性をまとめることによって,日本社会のあり方を修正する方向であり(具体的にどのように修正するかということは民主主義における意識的条件の中身による),もう1つは,日本社会のあり方を修正する方向に求めないで個別家族それぞれによる私的な対応という道である。主観的意識はともかくとして,客観的には前者が民主化の前進を求める方向を,後者が近代化の前進に委ねる方向を意味する。

　前者については,50年代後半の社会労働運動,60年安保闘争,60年代の各種市民運動を経て,70年代前半の多数の革新自治体の成立という経過をたどった。

その背後には保育所づくりといった女性の運動，母親大会などが継続して行われていたという市民運動があったことも指摘できる。しかし，そのことは日本社会のあり方を修正するところまではいたらないで，後者の方向が次第に支配的になっていった。ここではなぜそうなったかということまでは踏み込まないが（そのためには現代日本社会論として別のまとまった論考が必要），民主主義の前進と後退を対社会との関連でぜひとも確認しておくことが家族生活と無縁ではないことを強調したい。のちに述べるように，自然成長性に委ねられていた家族生活への対応にかわって，社会的矛盾の進展とともに，日本社会のあり方を修正しないという方向で新たに家族政策が具体化されることになる。

## 3　いま，家族はどうなっているか

### ▼「ポスト成長期」と社会的変化
① いわゆる「世紀末」をめぐって

1970年代後半頃から1990年代にかけての時期を，私はさしあたり「ポスト成長期」とネーミングしたいと思う。この時期については低成長，安定成長，停滞その他いろいろな見方があり得るが，この時期は新しい変化が多様に続出する時期であるとともに，その変化動向が見えにくい時期なのであって，具体的なネーミングがしにくいのである。そのためか「世紀末」という表現による見方も多く出ていた。しかし，19世紀末という100年前とは明らかに異なっていると思われる。「世紀末」という年号自体に特別な意味があるのではなくて，近代社会の転換期にさしかかっており，日本では転換の兆しがあり，これまでの生活やそれを支える価値観が問われているにもかかわらず，それに代わるものが見いだされていないところに，見えにくさがあるのではないだろうか。社会全体の新しい特徴については，現代社会論としていくつもの見方が乱立している。高度経済成長期には大衆社会や管理社会という特徴が言われていたと同じように，情報社会，知識社会，脱工業社会という見方は「ポスト成長期」以前からすでに言われていることであり，この時期ではポスト・モダンが新しい

見方と言えようか。しかし，それらはあくまでも1つの見方であって，社会的現実がそうなっているかどうかは別に検討を必要とするであろう。つまり，「近代社会」が終焉し，それとは異なる原理による社会が出現した，あるいは出現しつつあること，百歩ゆずっても，近代社会にその大枠を揺るがすような何かが加わったことが具体的に示される必要があるのである。[15]

　これまでにも「転換の兆し」という表現を使っているが，自然成長的には「転換」はおそらく現実化しがたいと思われる。というのは，いわゆる先進国と言われている社会の歴史は自然成長的にはほぼ成長しきっており，だからこそ「成熟社会」という言葉がそれとは意識されずに出ていると思われるからである。もし転換期と言うのであれば，その転換は自然成長的に転換が進むのではなく，どのような内容であるにせよ，これからは多くの人々の目的意識性が全面的に働くことになるであろう。そこで，転換期については，世界史的に見ても大きな意味があるが，ここでは日本に限定して簡単に指摘しておこう。所有にもとづく支配層と被支配層がはっきりしてから1400年，商品経済が成長しはじめてから400年，近代社会成立から130年，現代社会がスタートしてから50余年が経過したこんにち，これらそれぞれにもとづく価値観が問われている。1980年代に世界史的変化が進行しはじめ，いまも進行中であるが，日本社会は，変化の兆し程度ではないかと，私は見ている。ということは，これまでは人々に意識もされないほど暗黙の前提であった価値観が問われているからであり，家族についての根本的な異議申し立てなどはそれらの前提への疑義の1つの現れにほかならない。上に挙げたいくつかの既成の価値観の転換という意識的条件が成熟することが転換期への転轍としての意味をおそらくもつことになるであろう。だからこそ，発想の転換を必要とする歴史段階にさしかかっていることを意味するので，90年代に入ってから私は発想の転換を主張しはじめているが，それは，そのような時代認識によるものである。そこで，ここ10数年の社会的現実についてやや具体的に考えてみたい。

　一方では変化しないものが底流にありながらも，日常生活の早いテンポでの変化，人々の生活意識の変化・生活問題の進展などについては，大抵の人は感

知しているであろう。しかし，この時期つまり現在（90年代）については，社会全体としての変化の特徴をおさえることが大事である。日本社会ではこれまでの体制と経済成長政策は基本的に存続しており，その点での質的変化はないのであるが，これまでよりもグローバルな4つの事態が進展した，あるいはあらわになってきたことが重要な特徴であると思われる。すなわち，新しい「国際化」の進展，「地球環境問題」の進展，「情報化」の進展，差別・人権問題の新展開であり，それらの性格について簡単に確認しておこうと思う。

② 新たな変化の4つの特徴

まず「国際化」の進展については，日米安保体制のもとでアメリカの動向の圧倒的影響下にあったこれまでの状態から世界全体の動向が大きく影響することになり，「国際化」ではなくてグローバリズムという見方が提起されるようになってきたことである。家族にかかわるかぎりで言っても，1975年の国際婦人年が新たな進展を象徴的に示しているが，それ以降，1994年の国際家族年までの動向は，日本における民主主義の実質化の契機となるものの連続であったと言ってもそれほど言い過ぎではない。実質的に女性差別が存在することは，〈人間みな平等〉に照らすならば民主主義の未成熟を意味する。にもかかわらず，安保体制の制約と政府のかけ声のみの国際化と多数の日本人の実質的には非国際化という状況が存続していることが挙げられる。

「地球環境問題」の進展については，資源枯渇問題としてのローマクラブの指摘から20年以上が経過した現在，単なる資源・エネルギー問題ではなくて，よく知られているオゾン層破壊に典型的に現れているように，地球環境破壊問題という性格として，いまや自然科学だけでなく人文・社会科学からも具体的現実問題として提起されるようになってきている。いわゆる〈維持可能な開発〉という問題に象徴されている事態である。経済成長のみをひたすらに追求し，経済的効率のみを基準とする意識と活動，そしてとりわけ「消費生活」のあり方，最近は若干の変化があるにしても特に大量の化学製品の「使い捨て消費」というあり方への重大な警鐘であると言えば充分であろう。

「情報化」の進展もまた新しい現実として無視することはできない。詳しく

は展開しないが,一方ではリアルタイムでの遠方からの情報という利便性の進展であると同時に,他方では「顔が見えない」という人間不在の促進という両面,さらには情報の階層間および地域間の格差という事態をどのように見るかという課題が提起されている。この問題については,具体的な現実の解明があまり進んでいないようであるが,格差に見られる不平等の拡大と人間関係のあり方が問われるであろう。

そして,差別・人権問題は,政治・文化・人間関係の「近代化」問題あるいは「民主化」問題として,いまや世界的スケールで提起されている。

ともあれ,「世紀末」が大きな転換を意味するという叫びは,これら4つの内容をもつ変化としておさえる必要がある。したがって,社会・生活を論じるには,それらの変化を直接論じなくても,地球全体あるいは人類というスケールでの思惟をその背後にもつことが要請されているという状況が現れたことこそが最近の社会的変化の特徴にほかならない。

### ▼「生活の社会化」と家族

最近の家族生活の現実については,家族生活の変化の特徴と家族生活の「問題状況」とも思われる事態とを結びつけておさえることが大事である。家族生活の変化をめぐってはいろいろな指摘がされているが,いわゆる「生活の社会化」の進展の意味をどのように見るかということが,決定的に重要である。

① 家族機能の外部化を考える

「生活の社会化」については,一般には家族機能の外部化つまりそれまで家族が主に担っていた機能が次々に家族以外の集団・組織に移っていくこととして理解されている。この外部化は現実的にはかなりの部分で可能になっており,理論的にはすべての機能について可能なのである。家族機能については1970年頃までは盛んに論じられていたが,70,80年代には家族社会学ではほとんど論じられなくなり,90年代に入って再び論じられるようになってきている。その詳細はあとで述べることにして,理論的には外部化が可能になったということの関連でのみ簡単に触れておこう。

家族機能への着目の再提起のなかで、四方寿雄の整理が考える素材として適切であると思われるので、その具体的内容を示すと、基本的機能として、ⅰ性欲の充足・性的統制、ⅱ子どもの再生産・生殖機能、ⅲ子どもの養育・社会化、ⅳ生産・消費の経済的機能、ⅴ愛情の交換、精神的・情緒的作用が挙げられており、派生的機能として、ⅰ保護・防衛的機能、ⅱ教育的機能、ⅲ地位付与・規律的機能、ⅳ慰安・娯楽機能、ⅴ宗教的機能、が挙げられている。基本的機能と派生的機能という分け方の是非はともかくとして、家族生活が生活のすべてであると想定することによって、上記の家族機能論が理論的には活用できる可能性があると言い得よう。このことを逆に考えてみると、現在では上記の機能がすべて外部化が可能になったことを意味する。

家族機能が実際にかなり外部化したと思われることを容易に思い浮かべることができるであろう。例えば、外食産業の発展、クリーニング・コインランドリーの発展、子どもの教育は学校まかせあるいは塾まかせ、医療機関の利用の増大、各種の福祉サービスなどいろいろと挙げることができる。これに加えて、生産力・科学技術とりわけＭＥ化が家庭電化製品をはじめさまざまな「消費分野」に浸透している状況が一般化している。これらは単身生活が可能な物質的条件としての意味をももっている。そして、それらはすべて利便性の追求として性格づけられるものであり、「生活の社会化」による利便性そのものは人間生活にとってプラスのものと考えられる。しかし、そのように手放しで歓迎してよいのであろうか。

②「生活の社会化」の内実

やや理論的に示すと、モノの生産における「労働の社会化」については、社会化がすすめばすすむほど生産力は上昇するが、「生活の社会化」の方はそれほど単純ではない。なぜならば、「生活の社会化」は活動の社会化と費用負担の社会化の2つの面から考える必要があり、この両面に注目しないと、一面的な見方になるからである。具体的に整理して示すと、ⅰ保育所から大学にいたる各種教育機関、ⅱ医療機関、ⅲ社会福祉関連の施設・設備・サービス、ⅳ各種公共施設・設備・サービス、ⅴ上下水道・エネルギーの利用、ⅵ公共

交通手段, ⑦情報伝達手段, ⑧商業化, ⑨その他を挙げることができる。そしてこれらの「社会化」が本格的に進展したのはここ10数年の間である。そこで先の指摘と結びつけて費用負担がどの程度「社会化」されているかを簡単に指摘しておこう。①②③は費用負担の「社会化」がかなりの程度進んでいる部分であり、これに加えて、④の費用負担が若干「社会化」されているだけで、その他の費用負担はほとんど「社会化」されていないと言ってよいであろう。

「生活の社会化」のこのような見方から、家族生活については2つのことを確認する必要がある。1つは、利便性という名のもとでの「社会化」が客観的には費用負担をともなって強要されていることである。すなわち、費用負担があまり「社会化」されていない部分について、その利便性を放棄して生活できるかと言えば、現在ではほとんど不可能であろう。試みに1995年1月17日の「阪神・淡路大震災」後の不便さ、具体的には電気・ガス・水道、そして交通網がストップした状態を想起すればよいであろう。しかも活動の方の「社会化」はとどまることなく進展するのにたいして、費用負担の方の「社会化」はそれほど進まないばかりか、場合によっては後退することさえあり、具体的には医療費負担を思い浮かべればよいであろう。そのようなアンバランスな「生活の社会化」が進めば進むほど個別家族の費用負担は増大することになる。もう1つは、活動の社会化というかたちでの「家族機能の外部化」が家族でつくりだされる人間のあり方と人間関係を変えるということである。経済＝収入の多寡が家族生活を営むにあたっての支配的な基準になり、すでに図示した生活構造の極端なアンバランスが生み出されることになる。その結果が次に述べる「問題状況」をもたらすのであるが、その内容をどのように見るかに応じて、「家族の危機」という見方がいろいろ出てきており、これまで自然成長性にまかされていた家族への対応が、この時期に家族政策としてはっきりと打ち出されるようになる。それは、個別家族の経済的条件とそれとのかかわりでの意識的条件に対応しようとするものである。具体的には最後の項で考えるが、経済成長政策優先と国民生活の後回しという政策そのものが一貫しているので、家族政

策がその枠内で進められることはしごく当然であろう。したがって，家族の行方をただ予測するのではなく，家族と社会とのかかわりで家族の受動的側面だけではなく能動的側面を射程にいれた現実認識がいまほど必要な時はない。そこで「問題状況」という見方によってまとめて次項で考えてみよう。

## ▼「問題状況」としての家族生活

ここ10数年の家族生活の問題性についてはいろいろなかたちで論じられているが，先の時代の家族問題の多様化・深刻化とはいささかトーンが違っている。というのは，実際に表面化する家族問題そのものの性格がそれほど大きく変化したわけではないからである。そのためか，具体的な家族問題の論じ方の基本的な性格にもあまり大きな変化は見られない。そして，私自身も具体的に現れる家族問題の性格が変わったとは見ていない。ではどのような変化が進展しているのであろうか。一言で言えば，家族の「危機」と思われるような状況に直面していると言えよう。

①「家族の危機」論をめぐって

家族の「危機」とはどんなことを指すのか。家族の危機についてのいろいろな見解についてはあとで検討することにして，ここではどんな事実を取り上げて「危機」と言われているかについてまず簡単に触れてから考えてみることにしよう。前の時期と比べてみると，家族問題の性格が基本的に変わったわけではないだけでなく，家族問題あるいは家族病理と言われている現象がそれほど激増しているわけでもない。さらには家族が一応は解消することになる離婚についても増加してはいるが激増というほどではない。家族以外の生活が多くなり，個々人にとっての家族や家族関係の意味が相対的に少なくなっているが（個人化する家族），だからと言って多くの人が家族を無視したり家族を必要としなくなったわけでもない。しかし，家族問題・家族病理を取り上げたり，離婚を取り上げたり，あるいは家族関係の変化を取り上げたりしながらの「危機論」が後を絶たないのである。

他方では，家族生活に問題がないわけではないが，統計的事実などに依拠し

て危機ではないという見方もある。実は上に述べたことがそのまま，危機ではないということの根拠になり得るのであり，危機をそのように見なすならば，危機論は説得性に欠けるであろう。家族の危機は，家族の存続の危機でもなければ，家族問題が多発しているかに見えるところにあるのでもない。家族の危機と言う場合には，家族そのものをどのように考えるか，つまり家族のあり方をどのように考えるかということによって異なるので，ややむずかしいが，家族とは何かということをはっきりさせる必要があるが，ここではそのような理論問題に深くは立ち入らないで，私自身の見方を示すだけにしたい。

家族機能の外部化が進展しているとは言え，家族は全面的に人間をつくる唯一の存在であり，それに替わる集団や機関はいまのところまだないのであり，家族否定論にも家族に替わるものを説得的かつ現実的に展開しているものはないのである。家族が全面的に人間をつくることが著しく困難になり，大抵の家族が無理をしている（だからいつ破綻するかわからない）ところに家族の危機がある，というのが私の基本的な見方である。[17]

② 人間の絆の希薄化

費用負担の増大に著しく傾斜した「生活の社会化」は，家族生活に目的と手段の転倒状況をもたらす。このことをすでに述べた生活構造を思い浮かべながら考えてみよう。理論問題はしばらくおくとして，生活構造における4つの構成要件は家族生活にとって同じ意味をもってはいない。生活経済は重要な構成要件ではあるが，それは他の諸要件を規制する（豊かにしたり貧しくしたりする）物質的条件という意味をもつものである。「貧すれば鈍する」とも言われているように，生活費用が乏しいならば，生活時間や生活空間の活用が著しく制約されると同時に，家族における生活関係もまた大きく条件づけられる。ところが現代日本の事態は生活費用の乏しさ（＝経済的貧困）によってそのように制約されるのではなくて，それを避ける努力（＝一定の経済的豊かさの追求）の結果によって，他の3つの要件の貧しさをもたらすという事態にいたっているのである。

生活費用の確保は他の要件を豊かにすることによって生活を全面的に豊かに

するための手段である。ところが費用負担の増大を強要する「生活の社会化」の進展は、2つの意味で家族関係における人間の絆を希薄にしていくのである。

1つは、生活費用の確保のために生活時間の多くを振り向けることである。大人はできるだけ収入を多くするために長時間労働を強いられており、子どもは将来の相対的高収入を目指して受験勉強・塾通いに多くの時間を当てている。そのことによって家族員相互のコミュニケーションを著しく少なくしている。もう1つは、活動の社会化の進展によって、やはり具体的な関係を少なくしているのである。これは「個人化する家族」として特徴づけられているものであり、費用負担を家族に依拠しながらも、家族生活以外の生活が家族員それぞれの好みや生活スタイルの違いによって個人的になってきている傾向があり、そのことが共同あるいは共通の活動を著しく少なくしていることである。例えば、子どもが中学生くらいになると、外食以外はほとんど親とつき合わなくなることなどを思い浮かべればよいであろう。これらが相互に家族員の絆を希薄にすることによって、人間の絆を重視する人間をつくることが乏しくなっている。

③ 人間のあり方について

家族内の人間関係の希薄化は、他の社会分野にも波及することによって、人間のあり方に全体としての変質をもたらすことになる。人間のあり方の変質については、心理的飢餓状態、主体的活動の減退、未来志向性の乏しさ、という3つの特質を私はこれまでにも別の論考でしばしば述べてきているので、その事態が現在も相変わらず進行しているという確認として、社会のあり方との関連で簡単に指摘しておくにとどめたい。

心理的飢餓状態とはなんらかの欲求不満を常にかかえている状態である。これは諸個人の生活構造のアンバランス、例えばお金はあるが時間がないなど、いつでも生活面のどこかで無理をしているという状態を考えれば容易にうなずけるであろう。しかも、敗戦後の肉体的飢餓の場合には飲食・住・衣ともに大多数の国民には可能性としての現実的条件さえもなかったのと違って、一般的可能性としては日本社会には欲求充足条件が充満しているのである。にもかかわらず、その可能性が簡単には現実化しないところに問題の所在があると言えよう。

主体的活動の減退とは，様々な活動が他者に著しく依存していることを意味する。1つは，「生活の社会化」とりわけサービスの商品化の進展によるものである。旅行・冠婚葬祭・レジャーなどのパック化や既成食品などは便利ではあるか，プランニングも作る過程も他者まかせ，自分で能動的に取り組まないで欲求充足が可能なのである。もう1つは，民主主義についての意識的条件の後退を指摘することができる。「○○をしてほしい」と「××をしよう」では前者は他者まかせで後者が主体的活動であると言えば充分であろう。

　未来志向性の乏しさについては，先の2つの特質と結びついて個人的レベルと社会的レベルの2つの点から指摘することができる。個人的レベルでは，上の2つの特質ともかかわって，目的意識的にプロセスと結果を頭の中で描いて活動するのではなくて，刹那的な欲求充足や結果を考えないで行動することである。社会的レベルでは，生活不安の進行が未来の予測を困難にするとともに，今しか考えないで生きる人間たちを生み出すということである。

④「休火山的問題状況」

　「人間性の危機」とも言えるような上記の状況こそが，「休火山的問題状況」をもたらしているのである。人間が目的意識性をもって主体的に活動する存在であり，しかも他者の存在を視野におく存在であるとすれば，上記の人間のあり方はまさに人間性の著しい退行と言える。私が「休火山的問題状況」とネーミングしている状況とは，一般に問題行動とされているものがいつ噴火するかわからないあるいはどうして噴火するかわからない状況であり[18]，人間のあり方の3つの特質がそのような状況をもたらしたと考えられるのである。このことを実際の家族生活にあてはめて考えてみると，どうなるであろうか。家族が人間の生産を基本的には負うている存在であるとすれば，人間性の危機とも言うべき人間のあり方の3つの特質が生まれるということは，家族が基本的に責任を負うべき人間の生産が著しく困難になっていることを意味する。すでに指摘したように，家族に替わる集団・機関・社会的装置はまだない。家族構成員相互がバラバラになりながらも，社会的諸条件が共通という状況のもとでは，同じ社会的条件のもとでの家族の意味が，家族員の属性の違いとりわけ性と年

齢の違いによって異なることとして進展する。これはファミリィアイデンティティの違いとして特徴づけられている事態を意味する。

　この場合，例えば，少産化といった数の問題ではなくて質の問題なので，3つの特質それぞれについての問題性を簡単に指摘しておこう。現代社会において主体性がもっとも発揮されるのが他者との関係においてであるが，主体性の減退は他者と関係をもつことを著しく弱くする。そのことは家族内で他者と関係をもつ人間が生産しがたいことに結びつく。心理的飢餓がそのことによってさらに進展し，未来志向性の乏しさと結びついて，その行動が予測しがたい人間，つまり何をするかわからない人間たちが生産されることになる。目的意識性という人間の人間たる所以の乏しい人間がつくられる状況こそが家族の危機である。しかし，人間性が乏しくても人間性を喪失しているわけではないので，内にエネルギーを宿しながらも，そのはけ口をどこに求めるかが問われている。

### ▼家族政策は大事なポイント
　① 家族政策について考える
　上に確認した家族生活における「問題状況」は，個別家族だけでは簡単に解決できない性格のものである。したがって，家族の見方あるいは家族と社会との関係のあり方にたいしてどのような立場で考えるにしても，家族生活にとって家族政策が必要であることを意味する。「家」制度の廃止以後，日本では長い間家族政策がなかったが，この時期に家族政策についての考え方や家族政策が具体的に次々に打ち出されるようになってきたことは，そのことを何よりもはっきりと物語っていると言えよう。

　家族政策そのものをどのように考えるかということは，「家族とは何か」ということや政策一般をどのように考えるかということを軸として組み立てる面倒な理論問題を含んでいる。そのような理論問題についてはあとで検討することにして，ここでは，さしあたり，2つの点を確認しておくことにしよう。1つは，家族に関係する政策のすべてが家族政策ではないという消極的見方であるが，そのことを積極的見方へと進めていくと，明示するかどうかはともかく

として，家族そのもののあり方がなんらかのかたちで想定されており，その方向を目指す政策を意味する。具体的には一般に社会福祉政策とされているものについて考えてみれば，このことがわかるはずである。鮮やかな対比としては公的扶助と高齢者の社会保障がそうであり，前者が社会福祉政策であり，後者がそのすべてではないが家族政策としての性格のものが多いのである。前者については，個別家族が経済的単位であるというごく一般的な前提があるにしても，どのような単位であるかということまでは想定しない政策である。どのように想定したとしても，いろいろなかたちでハンディキャップをもった家族への施策という性格そのものは変わらないであろう。これにたいして後者の方は，高齢者を家族でどのように扶養あるいは扶助するか，そのためには長期的にはどのような家族像が必要であるかということの想定にしたがって，そのような家族像を実現しようとする政策なのである。

　もう1つは，政策というものについての考え方である。これはあとで述べる〈家族政策の2つの道〉に連動する私独自の主張であり，家族政策だけではなくいろいろな政策にも適用できる一般性を含む考え方である。政策とは政府・自治体などの行政の立案・執行であり，これにたいして国民・住民の側は要請活動・要求運動があるというのがこれまでの一般的な理解であった。しかし，すでに示した民主主義の観点からは両者はともに政策であり，したがって後者については政策立案活動・政策実現運動として，政策という同じレベルで考える性格のものであると理解する必要がある。したがって，理念として想定される政策は，両者の突き合わせ（力関係）によって現実化するものと言えよう。

② 戦後日本の家族政策について

　1970年代のはじめ頃までの日本には，家族政策と言えるものはほとんどなかったと言ってよいであろう。家族の物質的条件を大きく制約する経済政策や社会福祉政策などは家族生活を条件づける政策ではあるが，家族の具体的あり方を直接に政策対象としたものではなかった。戦後改革における「家」制度の廃止がそれまでの唯一の家族政策であったと言えよう。つまり，日本だけではな

いのだが，1970年前後までは国家（政府）が家族政策を必要としなかったのである。というのは，家族政策とはっきり言えるものを打ち出さなくても，家族が国家の求める家族へと経済的変化に順応するかたちで自然成長的な変化の方向をたどっていたからである。経済政策などとそれに条件づけられた意識的条件だけで事足りていたことを意味する。一例だけを挙げると，1950年代にはいると早くも「家」制度復活論が一部で唱えられた。復活しなかったことは周知の事実であるが，実際には「民主主義」に逆行すると見られるような「家」制度を無理に復活させる必要がなかったのである。一般に「近代家族」と呼ばれているものは，日本では「家」制度のもとでの家父長的家族と対決してそれを覆したものではなかったからである。だから，かたちとしての「近代家族」への移行は家父長的家族の別のかたちへの変化であると言った方が適切である。

　さて，家族政策についてはいくつかの見方があるが，見方についての具体的検討はあとの章にゆずることにして，ここでは，家族のあり方を方向づける政策という程度に受けとめてもらえれば充分である。70年代はじめ頃までは家族政策がなかったというのはその意味でそうなのである。家族のあり方が国家の要請にとって都合がわるくなってはじめて家族への政策が家族政策としてはっきりとその姿を現すことになる。1979年の『家庭基盤の充実に関する対策要綱』は，その意味でははじめてその姿を現した家族政策の具体化の方向として位置づけることができよう。「老親扶養三世代家族」という望ましい家族像を打ち出したことが家族政策の本格化であることをはっきりと示している。つまり，高度経済成長の過程での核家族化は増大する労働力の確保と移動に適合するものであったが，そのような家族のあり方を政策化するまでもなく，自然成長的に適合的な家族のあり方が進んでいったのであるが，この時期にきてそのような家族像についての具体的政策が必要になったということにほかならない。これが1つの転機となって，日本における家族政策は新たな局面を迎えることになる。

　③　家族政策の新局面

　その柱は「老親扶養三世代家族」という家族像を継続しつつ，それをさらに

強固にするということと女性の差別的活用の2つである。〈自立した個人とその連帯〉が家族あるいはライフスタイルの多様化をもたらしているという見方によって打ち出された『1980年代経済社会の展望と指針』(1983年) をめぐって，中川順子は「行政を個人の自立・自助や民間の自主的活動を極力尊重するとの基本的観点から，徹底的に見直すことが重要であるとし個人個人が一生の生活設計を安心して行うことができるような環境づくりを課題する」[19]と指摘しているが，一言で言えば，自立した個人からなる〈強い家族〉をつくること，そのような家族が地域的連帯をしていくこと，そして家族機能の外部化によって低下した機能を女性の活用によって向上させることという政策である。そして家庭基盤の整備とは地域と企業との結びつきによってそのような家族をつくる条件整備を意味するのである。ここでは具体的に詳しくは触れないが，いわゆる長寿化の進展のなかで，それに自前で対応できる家族像が想定されているところに，家族政策の新局面の特徴があると言えよう。

④ 家族政策の2つの道

上に簡単に指摘したようなかたちで新しく進展している家族政策の現実を考えるならば，現在はまさに岐路に立つ家族政策という事態に直面していると言えよう。家族政策が新局面を迎えているなかで，さきに確認した4つの変化の特徴のうち，「国際化」の進展と差別・人権問題の新展開の2つは家族政策の行方に直接結びつくものである。高度経済成長期以降，日本での国家レベルでの諸政策の「修正」がほとんど「外圧」によるものであることは，ニュースを克明に追っていれば簡単にわかることである。しかも，かならずしも根本的な解決の方向ではなくて，彌縫的とも思われる「修正」が，政府関係者の「失言」をはじめ，経済・労働，対外関係，教育，人権などあらゆる社会分野に認められる。家族政策の重要な部分を占める女性の人権問題は民主主義の根幹にかかわる問題であるが，この問題をめぐっても「国際化」が大きくかかわっている。その詳細は追わないが，少なくとも〈世界人権宣言〉(1948年)，〈国際人権規約〉，(1966年)，〈女子差別撤廃条約〉(1979年) は確認しておく必要がある大きな「外圧」であろう。この「外圧」と国民とりわけ女性の一定の「運動」

によって，それらは一応は「尊重する」とされ，また批准されている。しかし，すでに述べたように，両性の実質的不平等は高度経済成長期以降も依然として存続している。したがって，「仕事も家族・地域も」という女性の差別的方向の政策の道を自然成長的性格も加わったかたちで進んでいく道か，あるいは〈社会・歴史をつくる〉という意味でのそれを解消する条件を政策化していく道か，ということが提起されており，家族の行方をめぐってどのように主体的に対応していく道かが国民に問われている。

**註**

1) 家族と社会との関係を捉えるにあたって，家族の受動性・能動性・相対的独自性という3つの視点を措定することは理論問題に属する。それぞれの家族が積極的に自由な家族を創っていくというだけでは相対的独自性にとどまるものであり，望ましい家族像に適合する社会的条件をも創っていくことに家族の能動性が発揮されるという意味で，そのような論理を含む見方であるが，詳細は拙著『家族と家庭』（学文社　1994年）191～197ページを参照。家族と個人との関係については，少なくとも性・年齢・家族内の地位の3つの面から見る必要がある。なお，具体的適用については，必要に応じて本文の中で触れられるであろう。

2) 家族問題の時期区分についての諸見解はおおむね家族の変化の見方にもとづいているので，文献のみを挙げておこう。菊池幸子『家族関係の社会学』（世界書院　1966年），松原治郎他編『現代日本の社会学』（時潮社　1967年），山手茂『現代日本の家族問題』（亜紀書房　1972年），湯沢雍彦「家族問題の戦後史」（『ジュリスト特集号・現代の家族』有斐閣　1977年），布施晶子・玉水俊哲編『現代の家族』（青木書房　1982年），飯田哲也『家族社会学の基本問題』（ミネルヴァ書房　1985年）。なお，最近は家族の変化そのものの時期区分がいくつか現れているが，それらは試論の域をでていないようである。

3) 家族論を検討する場合には，思想，理念のレベルだけでは不充分であり，具体的現実がどのように射程にはいっているかが問われる。その場合の具体的現実にとって，とりわけ重要なのは，家族生活にとっての意識的条件と物質的条件それぞれの変化動向である。これについても　拙著　前掲書　『家族と家庭』105～119ページを参照。

4) 歴史学研究会編『日本同時代史①　敗戦と占領』（青木書店　1990年）203ページ

5) ここでの〈自然成長性〉とは，国家・政府が特別な規制や計画をしないで，そ

れぞれの家族が日々生活していくなかで社会的変化に適応するかたちで生活水準を向上させていくことが個別的努力や工夫に委ねられていることを意味する。
6) 戸主の支配下での廉価な労働力の供給の例として，寄宿舎制度・納屋制度そして農閑期の出稼ぎ，さらには農業における家族員の無償労働，小作人の無償に等しい労働が挙げられる。また，工場労働者が失業したときには故郷の親族網が受け皿となっていた。
7) 利谷信義が「一方では，戸籍制度が変革されながらも存続し，しかも全面改正に10年の猶予期間がおかれたことは，戸籍意識ないし『籍』の観念を温存し，ひいては『家』意識の温存に大きな役割を果たしたと言うことができる」(『家族と国家』筑摩書房　1987年　157ページ)と述べており，その後次第に影響が薄れていくとも説明しているが，さらに論証が必要であろう。
8) 性役割分業についてはいろいろな機関や専門家による意識調査によってその変化がある程度はたどることができる，高齢者自身の同居希望については変化をたどる資料があまりないのである。いくつかの意識調査を組み合わせてみると，1960年頃までは同居希望が過半数を越えていたが，同じ時期でも40％前後という資料もあるので，結論を下すにあたっては変化を綿密に見ていく必要があるという課題が残っていると思われる。
9) 労働省婦人少年局編『婦人労働の実情』(各年度)によれば，男女の賃金格差は75年までは少しづつ縮小傾向にあったが(男性を100とすると女性の賃金は，60年の45.0から75年の58.9までという数字に示されるかたちで縮小している)，その後再び格差拡大に転じている。
10) この問題は家族機能の外部化を家族と外社会との関連でどのように考えるかという理論問題に属する。モノの生産としての経済的な分業の進展に対置して，ヒトの生産としての〈集団分化〉の進展というのが私の社会学的見方である。この〈集団分化〉の進展によってヒトの生産の多くが家族の外部の機関・集団に委ねられるようになると，それらの外部的変化による人間のあり方がそれぞれの家族員によって家族のあり方に変化をもたらすというかたちで家族に持ち込まれることになる。なお，〈集団分化〉という見方については，拙著　前掲書『家族と家庭』182～190ページ参照。
11) 生活構造論としては，循環図式，機能主義的生活構造論，行動パターンに焦点を当てたものなどがあるが，それぞれの弱点(変化の説明および社会的関連について)を考慮して私自身の生活構造の見方を試論的に提示するが，〈生活力〉概念とセットにした見方については，同上書163～73ページ参照。
12) 4つの構成要素のうちで生活費用は家計構造としての理論的・実証的研究がもっとも進んでいて，それらの成果からサブ概念をどのように構築するかが問われるが，生活時間その他については実証的研究を活用すると同時にどのような基準を設けるかが理論化のポイントになるであろう。サブ概念および変化の視

点については，理論問題として独立して論じる必要のある課題である。
13) 渡辺洋三『日本における民主主義の状態』（岩波新書　1967年）〈まえがき〉より。なお，〈まえがき〉で簡単に示した文部省編『民主主義』（1948年）と同じ立場であることも指摘しておこう。
14) 幻想については2つの点から確認する必要がある。1つは物質的条件にかかわる点である。自由な家族形成にたいして「社会」はなんら束縛しないが，そのかわり「現金勘定」以外は家族になんら関心を示さないのである。したがって，自由な家族形成にとっては相対的高所得が不可欠の条件であるが，それが困難であるという点で幻想であることが次第に明らかになる。もう1つは，意識的条件もかかわる点であり，典型的な例が「3トモ世代」における女性に現れる幻想である。共学，友達，共働きという意識によって「ニューファミリー」が現実化するかに思われていたが，共働きの場合も専業主婦になった場合も，妻である女性が精神的にも肉体的にも疲れてはてて「ニューファミリー」が幻想に終わることが多かったのである。
15) 近代社会とは，その大枠において経済的には自由な商品交換，政治的には法の下での平等，そして意識的・思想的な点では合理主義という原理にもとづく社会である。もしポスト・モダンという社会の新たな段階を措定するならば，それらとは根本的に異なる原理への変化あるいはそのような新原理が加わったことを示す必要がある。
16) 四方寿雄編著『崩壊する現代家族』（学文社　1992年）24ページ
17) 拙著　前掲書『家族と家庭』75ページ参照。
18) 具体例としては，マスコミでしばしばセンセーショナルに報道される尊属殺人，模範的と評価されていた先生による傷害事件，あるいは，いわゆる主婦症候群などを挙げることができる。その場合，関係者の感想の多くは「どうしてそんなことをしたのかわからない」ということである。
19) 中川順子「家族政策の動向」（飯田哲也・遠藤晃編著『家族政策と地域政策』多賀出版　1990年）72～73ページ。なお，この本については，執筆者による1年半ばかりの論議を重ねているので，本文で述べた家族政策については多くの部分を中川論文に依拠しているので，詳しくは同論文を参照。

# 第3章　　家族論の流れ

　戦後日本の家族社会学の研究動向については，望月嵩が整理しているように[1]，すでにいくつも試みられており，生活研究については社会学やその他の分野からの一定の整理もされている。しかし，範囲も広く論点も複雑多様な家族論の動向についての整理は全くと言っていいほどされてはいない。これに加えて，これまでの整理・総括は80年代中頃までであり，ここ10年ばかりの動向についてはまとまった論述がほとんどないのである。敗戦直後の「模索の家族社会学」につづいて，「第二の模索」に直面していると思われる90年代を含んだ新たな整理の必要に迫られていると思われる[2]。はじめに述べたように「自由な自己主張」という「戦国時代」にあっては，とりわけこのことが大事であろう。

　そのようななかで家族論の流れを見るにあたっては，家族社会学の展開の整理や生活研究の流れについては，すでにあるような見方とは違った仕方が必要ではないかと思われる。というのは，これまでの整理や見方では研究の視点，方法，新しい対象の違いなどに焦点を当てる仕方が圧倒的に多く，現実的変化とそれにともなう課題とを充分には関連させていないきらいがあるからである。事実，私自身が家族社会学の展開についてすでに試みている整理もまたそうであり[3]，社会学の立場からであっても現実的課題との関連が不充分であり，さらには家族論の流れの整理であるならば，社会学以外の分野の成果に加えて，家族と生活の両方を射程におさめた整理が必要であろう。そこで，複雑多様なこれまでの家族論を総花的に検討するのではなくて，学問的遺産を未来につなぐということを念頭において，戦後50余年が経過したこんにち，日本社会のあり方や家族生活が根底的に再検討が迫られているなかで，すでに述べてきた家族生活の変化と問題性という現実的展開に対応するかたちで焦点をしぼって検討し，最近の動向については，これからの家族の行方の見通しや家族論の課題を導き出すという意味で，あとの章で考えることにしたい。

具体的にはすでに示した3つの時期それぞれについて，家族生活の現実との関連で焦点をしぼって考えるというかたちで，論点を鮮明にする方がよいと思われる。そこで，それぞれの時期の焦点については次のように整理したい。第一の時期の焦点は，「民主化」課題および飢餓的状況に示されるような経済的貧困問題にどのように迫るかということであるが，その他の動向についてはあとの時期に結びつくかぎりで取り上げることになる。第二の時期の焦点は，家族・生活の変化および家族問題・生活問題をどのように見るかということに加えて，家族論についての新たな試みにも注目する必要がある。第三の時期の焦点は，いわゆる「生活の社会化」にともなう新たな変化，そして「問題状況」とも思われる家族の現在をどのように見るかということであるが，現代家族の特徴づけについてのいろいろな見方をも取り上げる必要がある。さらに，それまでは暗黙の前提となっていた家族の見方にたいして，この時期に重要な意味をもつ根本的な異議申し立ての検討も必要である。その場合，それぞれの時期が前の時期における変化と諸問題を引きずっていることはすでに見てきた通りなので，新たに現れる家族論については，現実の変化とそれまでの知的遺産とのかかわりが問われることになる。なお，イデオロギーという誤解を避けるために，戦後改革の実質化＝民主主義の成熟度が，考える場合の背後にあることをあらかじめことわっておこうと思う。

## 1　1965年頃まで

### ▼「家」制度の廃止への迫り方

敗戦から高度経済成長までの家族生活にとっての論点としては，「民主化」課題に直接結びついている「家」制度の廃止による家族生活の変化をめぐって，その現実にどのように迫るかということを，まず挙げることができる。高度経済成長がスタートしたと言われているのが1955年であるにもかかわらず，家族論の流れの区切りを1965年頃までとあいまいにしたのは，全体としての国民生活が経済の動向とは数年遅れて変化すること，しかもそのような現実の変化に

ついてある程度まとまって論じられるのはさらに遅れるということを念頭に置いているからである。

　敗戦後の「民主化」改革は，すでに示したように多岐にわたっており，「民主化」の課題は日本社会のあらゆる分野で提起されていると同時に，当時の社会科学や言論界はこぞってこの課題に目を向けていた。そのような状況のもとでの家族生活について論じるにあたってまず問われるのは，戦後の「民主化」の重要な改革の1つである「家」制度の廃止と家族生活とのかかわりであることは言うまでもないであろう。「家」制度の廃止とのかかわりで家族生活に迫る場合，どのように迫るにしても，「民主化」課題との結びつきが問われることになり，その迫り方がその後の家族生活への迫り方を基本的に方向づけることになるという意味で，家族論にとってはきわめて大きな意味がある。この課題への迫り方には文字どおり「民主化」の課題とする迫り方と「封建的」と対比するかたちでの「近代化」の課題とする迫り方があり，ここではそれぞれの迫り方の性格が出ているとみなされる法社会学と家族社会学の代表的な例について比較して考えてみることにしよう。

　「民主化」課題をめぐっての1つの立場を代表するのが法社会学である（法律学ではいくつかの立場があるが）。現在も確認しておく必要があるものを2つ挙げておこう。1つは，戦前の「家族制度」の日本社会での意味と対比して「民主化」課題に迫ったものであり，ここでは川島武宜に代表させることにする。

　川島は『日本社会の家族的構成』（日本評論社　1950年）および『イデオロギーとしての家族制度』（岩波書店　1957年）においてこの課題についてほぼ全面的に展開している。川島は，前者においては，「現在われわれ国民に課せられているもっとも大きな課題は，いうまでもなく，わが国の『民主化』ということであるが，……（中略）……そのためには，われわれの生活のあらゆる領域における仮借なき反省批判が行われねばならぬ」という考えにもとづいて，「家族制度が民主主義の原理とどのような関係にたつか」という課題を設定する。そして彼によれば，「家族制度」は権威主義的な家族生活だけではなしに，日

本社会の人間関係のあり方とも結びつけて考えなければならないものであって，「民主化」課題に迫るとは，実際の家族生活を民主化することによる民主的人間像・民主的人間関係の形成として考えることである。そして後者では，戦前の天皇制国家の維持・強化策としての「家族制度」イデオロギーの分析というかたちで，「家」制度の社会的意味と国民生活にたいする影響について論じられている。川島の論考でとりわけ強調されているのは「生活の現実」が民主的であるかどうかへの着目である。この現実認識と課題提起は，現在でも理論的・実践的にその意義を失っていない。このことを社会学的に一般化して言えば，家族生活においてどのような人間をつくりどのような関係をつくるかという視角であり，これはあとで述べる家族生活における意識的条件の問題である。と同時に，制度という物質的条件をどのようにかかわらせるかという視点をも確認することができる。もう1つは，民法そのものが，憲法原理に照らして不充分であることについての見解である。これについては，法律学および法社会学からは繰り返し指摘されており，その後は離婚についての法改正，戸籍法の改正，そして夫婦別姓の主張に見られるように，最近では家族生活の実際面で重要になっているとも言えよう。

　家族社会学的研究は，その後の展開のなかに位置づけるならば，次の項で触れるように，ある意味では模索の時期と言ってもよいであろう。大きくは2つの特徴を挙げることができる。とりわけ重要な位置を占めているのが小山隆編『現代家族の研究』（弘文堂　1960年）に代表される実証研究である。この研究は，山村，都市近郊，都市の3標本地区を選んで，家族の形態，家の意識，家族関係などについて比較するという家族の集団論的実証研究である。その性格は，「家」制度の廃止を1つの与件として位置づけ，意識を含めて家族の内部に注目するものであり，方法的課題はその後の研究に委ねられるものである。その後の家族社会学において，核家族論や構造機能分析を導入して，家族内部の分析枠組みが精緻化されていくことになるが，ここで確認しておく必要があるのは，実証的研究であることもさることながら，家族生活を一様に捉えないということである。

第二は福武直，喜多野清一に代表されるもので，戦前の「イエ・ムラ」研究の延長線上に位置づけられるものである。「家」の解明に焦点をあて，主に農村を対象として「民主化」課題に迫るものであり，上の研究とは違って家族の内部分析にとどまってはいないが，封建遺制という発想に示されるように〈民主化＝近代化〉という見方が特徴であるが，ここでもまた家族を一様に捉えないという見方が認められる。この動向は，「民主化」課題が背後に退くにともない，「家」分析として現代家族とは相対的に独自なテーマとして展開されるというかたちをとることになる。

民主的人間像・民主的人間関係の形成を射程に入れての迫り方か近代化論的迫り方かが，社会のあり方，したがって，社会と家族との関係のあり方に深くかかわっていることは，すでに〈民主主義の前進と後退〉の項で述べたことによってもわかるように，家族の変化・家族の現在をどのように認識するかということ，および家族の行方をどのように見るかということにとって理論的にも実際生活においても重要な意味をもっていることが確認できるであろう。

## ▼模索の家族社会学

「家」制度の廃止をめぐっては，法社会学とは異なった迫り方を対比する意味での家族社会学について述べたが，それがこの時期の代表的研究であるとは言え，家族社会学の性格の1つの特徴であって，この時期の家族社会学のすべてがそうであったわけではなく，その方向がかならずしもはっきりしていなかったと言った方が適切な見方であろう。そのことは，1953年の『社会学体系 第一巻 家族』(石泉社)および1957年の『講座社会学4 家族・村落・都市』(東京大学出版会)の具体的内容を考えるならば，「模索の家族社会学」と言ってよいであろう。ここでは，次の時期，つまり家族社会学の支配的な性格がほぼ確定した時期の『社会学講座3 家族社会学』(東京大学出版会　1972年)の内容を前二者と対比できるように，参考として先取りして掲げておくことにしよう。

『社会学体系　第一巻　家族』では，「家族の構成と機能」はその後支配的

になっていく〈集団としての家族〉の把握が先取り的に論じられているが,「日本古代家族」では歴史的見方がきちんとなされており,「日本近代家族」はいわゆる〈近代家族〉を大前提としたものではなく, 近代における日本の家族という論じ方になっているとともに, 先に挙げた法社会学と同じような家族制度の見方も含まれている。また『講座社会学4 家族・村落・都市』においても, 各章の論題をみればわかるように, いろいろな迫り方がある点ではほぼ似たような性格であるが, とりわけ「家族と社会」および「家族生活の諸問題」が論じられていることが, 意味のある特徴として指摘できるのである。「家族と社会」では, その後の家族社会学における「社会」が家族以外の社会分野という意味で使われることが相対的に多いのにたいして,[5] この論考では, 全体社会および社会体制が射程に入っていることをぜひとも確認する必要がある。前の章で述べたように, 家族とそれらとの関係を見るということは, 社会のなかに家族を位置づけるという意味で, 継承に値する大事な視角である。もう1つの「家族生活の諸問題」では, 理論的視角がかならずしも確立されてはいないが, 住宅問題をはじめとした経済的貧困, 老人扶養問題, 「伝統的」家

| 『社会学体系 第一卷 家族』<br>(1953年) | 『社会学講座3 家族社会学』<br>(1972年) |
|---|---|
| 家族の構成と機能<br>家族の類型<br>日本古代家族<br>日本近代家族<br>家族制度 | 家族の定義・家・世帯<br>家族の形態と類型<br>配偶者選択と血痕<br>家族の内部構造<br>家族の生活構造<br>家族と社会<br>家族の変動<br>家族社会学の展開 |
| 『講座社会学4 家族・村落・都市』<br>(1957年) | |
| 家族の歴史的発展<br>家族の構造と機能<br>家族と親族<br>家族のイデオロギー<br>家族と社会<br>家族生活の諸問題 | |

族観と「近代家族」観の矛盾・葛藤，あるいは家族内緊張など，家族問題研究にとって必要と思われるテーマには大体触れられている。以上，簡単に指摘した1950年代の2つの著作は，当時の家族社会学の動向をほぼ代表するものである。この時期の家族社会学の内容は，かなり荒削りではあるが，家族を歴史的に見ること・家族をトータルに見ること・家族と社会との関連を見ること，という大事な見方をすべて含むものとされていたのである。しかも，そのことによって日本の家族の特殊性を見るという方向もまた示されていた。

とりわけ強調したいのは，「民主化」課題に応えていく方向もまたはっきりと含まれていたことである。これについては1つだけ例を挙げておこう。前者に収められている「家族制度」という論考では，執筆者が講演した時に，財産の均分相続が家をつぶしてしまうのではないかということなどの質疑応答のあとで述べられていることである。すなわち，「新しい民法も，決して家族生活を軽視したり，無視したりはしていない。ただ従前のように，1人を除いて他の者の人格が平等に尊重されなかったような家族生活を嫌っただけである。家の規律が，権力と服従による規律ではなく，お互いの人格を認めあった上での，理解と規律でなければならぬと新民法は考えたといえよう」[6]

しかし他方では，当時の社会学全体がそうであったことに照応して，欧米のとりわけアメリカの家族研究の紹介・導入の試みもまた次第に盛んになりはじめていた。若干例を挙げると，「制度から友愛へ」で知られているE・W・バージェス，H・J・ロック，核家族論で知られているG・P・マードック，家族機能論ではW・F・オグバーン，構造機能分析のT・パーソンズなどが紹介・検討されはじめていた。さらには欧米の古典の解説や新しい動向の紹介を盛り込んだ「体系」志向の萌芽も認められるのである。これらは理論的精緻化を目指す方向の模索であり，まさに「模索の家族社会学」として，その後の展開の方向が問われていたと言えよう。

### ▼経済的貧困の捉え方

敗戦後の現実的課題としては，経済的貧困問題がこの時期の家族生活そして

国民生活全体の焦眉の課題であったが，第2章で確認したように，実際にはこの課題に応えないかたちで経済復興政策が進められた。したがって，経済的貧困問題が家族論にとっては物質的条件を解明するという最重要な課題の1つであったにもかかわらず，家族社会学からの対応がほとんどなかったと言ってよいであろう。経済的貧困へのアプローチでは社会政策論の流れをくむ経済学からの国民生活研究が主役を演じるのである。

　戦前の貧困研究については，周知のように現実分析としては横山源之助の『日本の下層社会』に代表される状態研究があるとともに，理論面ではいわゆる日本資本主義論争を軸に展開されているのが「原因研究」とでも性格づけられるであろう。つまり，経済的貧困研究とは，状態をどのように分析するかということと，そのような状態がどのような原因によって生じるかという2つの面を含むものであると言えよう。

　さて，この時期の現実分析としては，貧困の実態を広範囲にわたって明らかにしている『現代日本の底辺』(著者代表　秋山健二郎　三一書房　1960年）のみを挙げておこう。というのは，第2章で示したようにこの時期では国民の圧倒的多数が経済的貧困に陥っていたので，原因の理論的解明こそが問われていたと思われるからである。事実，この時期の貧困研究は，たとえば大河内一男の社会政策論に代表的に現れているように，生活の窮乏への迫り方としては，労働力の再生産問題を〈資本―賃労働〉関係の現実的性格に焦点を据えるという性格のものであった。つまり，貧困の原因が主に問題とされたのであるが，それは日本資本主義論争にも示されるように，資本主義社会としての日本の性格規定という問題として論じられたのである。しかし，家族論にとっては，経済生活の状態研究の方法こそが大事であり，これについては，藤林敬三，氏原正治郎，隅谷三喜男などの研究があり，一般的な経済法則にもとづく研究から〈労働力の生産過程分析〉という方向へと進んでいくが，その動向については松村祥子の整理がすでにあるので[7]，ここでは現在に結びつくという意味で，篭山京，中鉢正美の生活構造論にしぼって考えてみようと思う。

　まず，篭山京の生活構造論は労働力の再生産において，労働，休養，余暇そ

れぞれについて，エネルギーの消費と補給に着目したところに理論的特徴がある[8]。かれは，消費＞補給，消費＝補給，消費＜補給　の3つの状態を措定し，第三の状態に生活の発展を求めることを主張したが，意外に見落とされているのは国民生活の文化性という視点である。つまり，第三の状態の発展は単に健全な労働力の再生産ということが望ましいという主張だけにとどまるものではなく，文化の問題でもあるという見方である。この見方は現在の余暇問題への示唆という意味をもっているということにほかならない。ともあれ，最近のいわゆる「過労死」や長時間労働による極度の疲労などを考えるならば，現在もその意義を失ってはいないだけでなく，生理学や文化研究と結びつけてより精緻な理論的展開がはかられる必要があると言えよう。しかし，かれの生活構造論の力点は主に生活時間の配分におかれており，3つの状態の具体的内容および家族生活への作用をどのように見るかということを理論的・実証的により精緻化していくという課題を残していることもまた確認しておこうと思う。

　中鉢正美の生活構造論は，篭山が残した課題に具体的に踏み込むものであった[9]。すなわち，大河内や篭山らの生活の見方を基本的な点で継承しつつも，生活水準の具体的中身によって経済的貧困に迫るものであった。とりわけ家族論とかかわって大事なことは，それまでの生活構造一般という見方から，物質的な消費生活に加えて，精神的あるいは心理的なものも含めた人間の生産として家族集団を捉え，家族と生活構造という視点をはっきりと打ち出したことである。家族における生活資料の消費の実態（現在では家計構造）にもとづく経済的生活分析の方向を示したことは，家計分析として基本的に受け継がれているが，それに加えて生活の変化における「履歴効果」という独自の見方を打ち出したことを指摘しておこう。経済的貧困の状態研究は，その後は経済的貧困だけにとどまらないで生活全体をトータルに捉える方向へとすすんでいくベースとしての意義がある。その他には，江口英一の経済的貧困研究が継続的に続けられており，状態と原因両方についての重要な具体的分析として指摘できるが，これについてはこれからの理論問題の1つとしてあとで触れることにしたい。

### ▼その他の家族論

　この時期のその他の家族論としては，主婦論争と生活科学調査会の3つの著作についておさえておくことが，現在にも結びつくという意味できわめて大事である。主婦論争は，論争への参加者数でも提起された視点の多様性でも，戦後まれにみる大規模な論争であり，家族と女性についての論点はほぼ出尽くしていると言ってもよいであろう。この主婦論争は第三次まで続き，第三次主婦論争はこの時期をはみだしているが，ここでは一括して取り上げることにしたい。

① 主婦論争

　1955年に『婦人公論』4月号に掲載された石垣綾子の「主婦という第二職業論」によってはじまる第一次主婦論争における論点は，基本的には3つに集約される。第一は職場進出論である（石垣綾子，嶋津千利世，田中寿美子など）。短期的には経済的に自立することが女性解放にとって必要であること，長期的には家事労働の社会化の主張を含む社会主義婦人論という性格も含んでいることが，この立場での主張の特徴である。第二は家庭重視論である（坂西志保，福田恒存など）。「男は外，女は内」という性役割分業の現実にもとづいて，家庭における主婦の役割を重視する主張である。この立場では家庭を平穏にたもつ主婦（＝女性）の役割と子育てにたいする母親の影響が強調された。第三は主婦運動論であるが（清水慶子，平塚雷鳥など），前二者とはやや違った観点からの主張である。論者たちの表現をそのまま使うと，家庭婦人と労働婦人を対立的に見ないことがその主張の根幹であると言えよう。したがって，現実の諸矛盾・問題とりわけ女性差別にたいしては，両者が一緒になって運動することの意義と重要性が強調された。いずれの立場にせよ，この論争は女性の生き方を家族と社会とかかわらせて考える必要があることを提起したところに意義があり，現在でも論点として存続している。

　第二次主婦論争は，1960年に『朝日ジャーナル』（4月10日号）に掲載された磯野富士子の「婦人解放論の混迷」によってはじまる。ここでの論点の中心はいわゆる家事労働をどのように見るかということであり，経済学的な価値論を

キーコンセプトとして展開されたので,非専門の者にとってはわかりにくい内容をも含んでいた。簡単に言えば,一般に労働は価値の源泉であり,市場における労働は生産的労働として価値を生産するものであり,サービス労働などの不生産的労働とされているものも市場メカニズムにより賃金を受け取るのであるが,「家事労働」は価値および賃金とはいかなる関連があるのかということについての論争である。家事労働は価値を生まないが有用労働としての意味があるという主張,労働力商品という価値を生むという主張,それとの関連で賃金に換算せよという主張,主婦年金の必要性にからませる主張などが多様に展開された。全体としての論点がはっきりしないままであったが,家事の賃金や年金問題にまで拡げるとややこしくなるので(そのような問題を考える必要がないわけではないが),あえて論点をしぼると,〈家事〉と〈家事労働〉は同じか違うか,同じならば社会的にどのように意味づけるか,違うならばどのように違うのか,そして「家事・育児」とセットに使われることが多いが,子育てをどのように関連させるかという課題として受けとめる必要がある。

　第三次主婦論争は,1972年に『婦人公論』4月号に掲載された武田京子の「主婦こそ解放された人間像」がきっかけであった。私見では,ある意味においてもっとも社会学的な論争であったと思われる。おそらくそれは武田の問題提起の性格によるのであろう。すなわち,武田は「生産」と「生活」を対置して自論を展開していることである。現代社会では生産の場では人間疎外が支配的であり,生活の場にある主婦こそが人間的に解放された存在ではないかというのが武田の主張の根幹である。「私たち主婦の人間的な暮らしを,すべての人々に!!」という武田の主張は,第一次主婦論争の家庭重視論とは異なる視角からの主婦肯定論である。これにたいする疑問・批判は,考え方にたいするよりも主に現実についての論調としていくつか出されている(林郁,伊藤雅子,村上益子など)。主婦の置かれている現実がはたして人間的であるか,生産労働がすべて非人間的であるかということが主な疑問・批判である。この論争でのそれぞれの主張には,社会=「生産の場」と家族の2つについての現実認識があり,その違いが主張の違いを生み出していると理解されるのであるが,「生活」

という視点を「生産」との関連でどのように考えるかという論点を提起したところに意義がある。三次にわたる主婦論争は本格的に「主婦の誕生」を迎えようとしている時期の問題を先取りしたものであり，そこでの提起された課題は依然として存続している。[10]

②「生活科学」シリーズ

生活科学調査会の「生活科学」シリーズの3つの著作は，具体的事実にもとづいて論じられている点で，この時期の最良の家族論に属するであろう。

第一は，『主婦とは何か』（ドメス出版　1961年）である。これは，ある意味では主婦論争における1つの主張とも言えよう。主婦論争を受けながら主婦論争で論点となったテーマのすべてがほぼ取り上げられているという意味でそうなのである。そこで屋上屋を架すことは避けて，継承するあるいは依然として課題であるということにだけ触れておくにとどめたい。「主婦論争が多くのエネルギーをかけてさぐりあてたものは，労働者階級との連帯を主婦たち自体の運動のなかに見いだしたことにあったのです」（61ページ）という結論的言葉のなかに，この本の思いが集約されていると言えよう。「主婦の誕生」と当時の社会主義思想がいろいろな運動に大きな影響を及ぼしていたという時代的条件があったとは言うものの，間違いではないがやや短絡的な結論という限界を指摘できる。しかし，このように一般的に言われたことが主婦および労働者階級の両方においてどのように具体化するかという課題は依然として続いていること，もう1つはそれぞれの主婦個人の生き方ではなくて社会的存在として考えるという提起を指摘することができる。そしてそのような主張の根底には民主主義の徹底という思想があることを確認することが大事である。

第二は『老後問題の研究』（ドメス出版　1961年）である。高齢化がそれほど進展していないこの時期に老後問題をほぼ全面的に論じたことは，それ自体として意味のあることであるが，それだけでは1つの例として挙げるだけで事足りるのである。ここではこんにちでも意味がある見方と課題を提起していることを確認することが大事である。まず家族機能の外部化の進展とそれを根拠とした家族無用論へのアンチテーゼという意味をもつ指摘があることである。す

なわち,「……部分的には家族の役目を代行できます。しかし全体社会の範囲で,完全な代行は不可能です」(59ページ)という見方を指摘することができる。この他にも高齢者におけるタテマエとホンネの違いへの着目,社会構造との関連,働く権利と地域活動など,こんにちでもその見方については継承すべきものと言えよう。そのような大事な見方のなかでとりわけ重要なのは,主体性の強調である。どのような老後を,どのように迎えるか,という当たり前の考えにもとづいて,「……老後の世代が自主的に把えていかなければならない新しい人生観や,生き抜くためのモラルも必要になっています。日本の社会保障のまずしさ,安易さもいつも受け身に立って『与えられ』てきたわたしたちの主体性のなさにも,問題の一端があるのではないでしょうか」(「この本を読まれる方へ」の中から引用)。つまり,〈人間が歴史・社会をつくる〉という民主主義の考えが当たり前のこととして述べられていることである。

　第三の『家庭はどう変わる』(ドメス出版　1965年)は,いわゆる近代家族が形式的に成立しているにすぎないという見方をベースとして,家族生活のトータルな分析としてはこんにちでもその意義を失っていない見方をほぼ全面的に展開しているものである。ポイントを挙げると,意識と理念の乖離,大企業の家族支配,地域・階層による家族生活の違いなどが論じられているが,とりわけ家族生活の空洞化という指摘は現在の家族の危機の性格を先取り的に論じたものと言えよう。さらに家族の行方についての論及はいまだにその新鮮さを失っていないが,これについては終章で取り上げたい。

## 2　1975年頃まで

▼内部分析の家族社会学
　① 家族社会学の支配的動向
　家族社会学が模索の域を脱してその性格がはっきりしてくるのがこの時期であり,支配的な動向は核家族論と構造機能分析である。代表的なものとしては,先に挙げた1972年の『社会学講座3　家族社会学』のほかに,姫岡勤・上子武

次編著『家族―その理論と実態』(川島書店　1971年)，松原治郎・高橋均・細川幹夫共著『家族生活の社会学』(学文社　1971年)などを挙げることができる。この時期には日本の家族社会学の力点が「制度としての家族」から「集団としての家族」へと変化したことはおおかたの認めるところである。そこで，参考として姫岡・上子編著の構成を示しておこう。

　　Ⅰ家族の本質　　　　Ⅱ家族の機能──戦後の研究動向と今後の課題
　　Ⅲ家族の情緒構造　　Ⅳ家族の役割構造
　　Ⅴ家族の勢力構造　　Ⅵ家族における社会化
　　Ⅶ農村の家族と親族　Ⅷ都市の家族と親族
　　Ⅸ家族研究の課題と方法

　内部分析の家族社会学というこの時期の性格については，上の内容がはっきりと物語っていることがわかるが，にもかかわらず，内部分析にとどまらない方向がすでに意識されはじめてもいた。家族の機能の研究にたいする課題提起にそのことが認められるのである。例えば，当時の代表的な家族機能論について，「『個人にたいする機能』と『社会にたいする機能』のいわば『ヤーヌス的二面』が表裏一体であたかも平和裡に共存している観がある。しかし，……それらが，しばしば，相互に矛盾しあい，対立するという現実を受けとめるための構えの点でこれらの図式は問題を残している」[11]という指摘，さらには「社会的」機能における「社会」とはどんな社会であり，「個人」にたいする機能での「個人」とはどんな個人かという疑義などがそうである。

　もう1つとして，「家族研究の課題と方法」において整理されている6つのアプローチについての論考のなかで確認しておく必要があるものに触れておこうと思う。制度的アプローチ，構造―機能アプローチ，相互作用アプローチ，場アプローチ，発達アプローチ，形態的アプローチの6つについて，研究の焦点，基本概念，基礎想定，特色という面での整理であるが，この時期の現実的課題および現在とのかかわりという2つの点から指摘しておこう。1つには，制度アプローチの評価についての指摘である。家族の長期的変化の把握ができるが，家族内部の把握および個人の把握に難点があること，家族にたいする他

の「社会」の影響に重点があり，逆の作用が看過されること，という指摘である。2つには，構造―機能アプローチにたいする評価である。ここでも，家族を従属変数としている傾向が強いこと，パターン化による変動把握の弱さ，「機能的目的論」への危険性の指摘があるが，他方では，「……他の領域から概念をどしどし吸収する能力をもつ強力な枠組である」とされている。この2つのアプローチへの評価の是非はともかくとして，ここで確認する必要があるのは，家族の内部の変化については実証的研究も含めていくつかの側面それぞれにおいてある程度は捉えられているが，変化を総合的に捉えることおよび家族と社会，個人との関係をトータルに捉える方向の必要性，とりわけ社会にたいする家族の受動性の把握にとどまらず逆の把握の必要性が提起されていることである。したがって，その後の家族社会学においては，内部分析にとどまっているのか，とどまらないとしたらいかなる方向を志向するかが問われることになる。

② 総括と課題提起について

70年代にはいると，一定の総括とその後の課題が示され，後の項で触れるような「戦国時代」の呼び水になる。ここでこの時期以前と以後のものも含めてまとめて考えることにしたい。上に示した家族社会学の立場からの総括として，山室周平・姫岡勤編『現代家族の社会学―成果と課題―』(培風館 1970年)を挙げることができる。ここでは家族内の人間関係など「内部分析」についてそれぞれの分野で詳細に検討・論考されているとともに，家族研究法，家族理論などの方法についても検討されている。しかし，それぞれの論考の相互関係が希薄であり，座談会で補足されているとはいうものの，方向づけが不鮮明である。つまり，上に挙げた内部分析の研究とほぼ同じ性格であったと言えよう。

次に，支配的な家族社会学にたいする批判的立場と思われるものとして，山手茂「家族問題と家族社会学」(北川隆吉監修『社会・生活構造と地域社会』時潮社 1975年 所収)を挙げることができる。山手は，「マルクス主義家族社会学」の立場から内部分析の家族社会学について批判的に検討している。すでに述べたように，この時期には「新しい家族問題」の解明が課題として提起されていたが，家族社会学の展開が家族問題という現実的課題に迫っていないとともに，

迫り得るような視点・方法にはなっていないという批判的評価にもとづき，マルクス主義家族社会学の方法論の確立という課題を提起している。

野久尾徳美「家族」(細野武男他編『講座 現代の社会学Ⅲ 社会学的現実分析』法律文化社 1975年 所収)は家族社会学の本格的な総括の試みである。すなわち，戦後の家族研究の展開を，民主化段階における啓蒙的研究，産業化にともなう家族研究の新たな展開，独占段階における家族政策と最近の研究動向としてまとめている。家族の変化の把握の必要性というこの時期の課題については，家族社会学が家族動態の研究にとどまっており，社会の歴史的変動のなかに位置づけるという視点が確立していないというのが野久尾の批判のポイントである。やや時期があとになるが，戦後日本の家族研究の動向のやや違った見方からの総括として布施晶子「家族」(『現代社会学』 季刊労働法別冊第6号 総合労働研究所 1980年 所収)を挙げることができる。それは戦後日本の家族研究の動向を社会的現実の変化とのかかわりで総括したものであるが，そこから導き出された課題はぜひとも確認しておく必要がある。すなわち，高度に発達した資本主義が家族に何をもたらしたかということ，家族を全体社会のなかに位置づける広角的視角をもつこと，家族社会学の主流である構造―機能分析の再検討，理論と実証の関係を意識した理論構築，という4つの課題が提起されている。とりわけ実証的調査にたいして「その場合，『中産階級の希望や理念』を現実の上に『投影』するだけの『社会学』にとどまってはならぬ」[12]という課題が提起されている。

高度経済成長期に支配的であった内部分析の家族社会学は，内外からの反省・批判に示されているように，社会的変化のなかに家族の変化を位置づけて捉えるという課題に充分に応えるものではなかった。歴史的に見れば誤りであるとも思われかねない家族論が当事者の主観的意図とは離れてつくられていくことによって，「学問的」にも常識的にも家族観として定着したのであるが，それとの対抗的意味も含んだ2つの新たな動向が家族論の流れに加わることになる。1つは，生活への注目であり，もう1つは，根本的な異議申し立ての発端であるが，これらについては次節で取り上げることにして，この時期の重要な

現実的課題である家族問題への迫り方について次に考えてみよう。

### ▼家族問題・家族病理への注目
　経済的貧困に単純に還元できない諸問題が日本社会のいろいろな分野に出現したことに照応して,「核家族適合論」だけの認識では不充分になってくる。すなわち,家族生活における問題現象が前の時期のような経済的貧困あるいは嫁姑などの新旧価値観の葛藤という単純な現象だけではなく,性格の違う新たな問題が出てきたことが誰の目にも明らかになってくる。そのことは,高度経済成長にともなう社会と生活の変化がもたらした新たな現実として重要な課題であることは,すでに確認した通りである。このような新たな問題に対応するものとして,家族病理と家族問題という２つの異なった立場からのアプローチが現れることになるが,それぞれがこの課題にどのように迫ったかが問われるであろう。

　家族問題研究という新たな動向について,布施晶子は,いくつかの代表的な例を挙げながら次のように述べている。「……家族問題へのアプローチに共通している点は,従来の,家族内に焦点をしぼった研究に対して,全体社会のなかに家族を位置づけ,家族と外社会との関連に焦点をむける視角が明白にみとめられるであろう。一方,家族病理のアプローチからの接近も増す」[13]　つまり,家族にかかわる「新しい社会問題」としての家族問題という新たな見方が出てきたことを意味するのであるが,この見方が家族病理という見方への批判を含んだ性格のものなので,はじめに家族病理という見方の基本的な性格について簡単に確認しておこう。

　家族病理という見方については,「模索の時期」に大橋薫が家族問題・家族病理の両面を含んだかたちで提起したなかの片方の方向であると言えよう。これについては理論的・実証的にも見方に若干の違いを見せながらも多数の研究があるが,その性格が比較的はっきりしているという意味で光川晴之を取り上げることにしたい。光川によれば,〈不安定な異常な家族〉が病理家族であるとされ,これにたいして〈正常な安定した家族〉とは,「夫婦と未婚の子女か

らなる家族で，家族成員が心身ともに健康で，子ども数が過多でなく，成員相互間の人間関係がスムーズに維持されていて，家族集団内に固定した葛藤・対立・緊張がなく，社会集団としての家族の生活様式が外社会によく適応しているものである」[14]とされていることから，核家族形態と「社会への適応」が家族病理を捉える基準の性格であると理解することができる。その研究法としては微視的アプローチと巨視的アプローチの2つが示されてはいるが，後者における外社会が家族病理の背景として位置づけられていることは，内部分析の家族社会学と同様の性格であることを意味する。このような典型的な家族病理研究とはやや異なった家族病理についての見方をしている山根常男の見方について追加的に触れておこう。山根は制度次元と集団次元の2つに分けて家族病理現象を見るが，現存の制度と集団についての見方を基準としているところにその特徴がみとめられる。具体的には，非家族的現象と非家族化現象とを分ける捉え方，制度との関連では，①制度の犠牲としての現象，②制度の補完としての現象，③制度に対する挑戦としての現象，という3つのパターンの指摘は興味深い。そのような独自の見方から，彼はさまざまなレベルの社会システムに関連させて病理現象を捉える必要性を提起している[15]。

家族病理という見方にたいする批判的見方として対置されるのが家族問題という見方である。ここでは家族問題に相対的に早く着目した山手茂の見方に代表させることにする。山手は，家族病理的アプローチにたいしてだけではなく，この時期に対策を検討しはじめた政府・行政側の見方にたいする批判の意味も込めて，社会問題としての家族問題という見方を主張する。その特徴は2つあり，1つは，資本主義社会の矛盾の深まりのためすべての家族にその矛盾が浸透しており，したがって，家族病理という立場で重要な基準として採用されている「正常な家族」ではなく，矛盾にみちた家族の現実を基準として家族問題を見る必要があるという主張である。もう1つは，日本国憲法第24条および第25条を家族問題を捉える基準とするという民主主義的価値判断を取り入れる必要があるという主張である[16]。

家族問題という把握では，山手とは違った見方をしている湯沢雍彦の見方に

ついて，家族問題・家族病理の論点にかかわるという意味で，1977年と81年にまとまって論じられているものを一緒におさえておくことにしよう。湯沢の見方は，「家族構造に関連して関心を呼んだ社会問題」(1977年見解) という一般的見方から「家族に因果関係をもって発生し，庶民一般に関心を一時的または長期的に呼んだ社会問題の意に用いる」[17]とされるようになる。ややあいまいな見方であると思われるが，彼の見方については2つのポイントを指摘することができる。1つは，家族問題あるいは家族病理と思われる現象について4つの種類に分類するとともに，「方法的大勢主義」を採用していることである。4種類については，時事的話題としての家族問題，大勢変動としての家族問題，継続的家族病理問題，病理事例研究対象としての家族問題があるとされている。もう1つは，4種類のうちとりわけ「時事的家族問題」にたいするマスコミ報道の仕方の新奇追求性という特質に注意を喚起していることである。

　家族論としての社会学的な家族問題・家族病理への新たなアプローチについては，上に挙げたものに尽きるものではないが，それらがこの時期の新たに提起されていた現実的課題に応えようとしている点でそれぞれに一定の意義をみとめることができる。しかし，とりわけ大事なことは，新たな現実的課題に迫るという意義だけではなく，理論的な相違をみせながらも，家族問題・家族病理に迫ることを通して家族の内部分析にとどまらずに家族と社会との関係を視野に入れるという新たな方向が打ち出されたことである。この意味で家族問題・家族病理研究は家族社会学の新たな動向への呼び水としての意味があったと言えよう。

　しかしながら，すでに触れたように，「ポスト成長期」に入っても家族問題・家族病理は鎮静しないばかりか，ますます多様化・深刻化して，私が「休火山的問題状況」とネーミングするような事態にいたっている[18]。したがって，いろいろと多様になされている現象認識と本質認識そのものは深まっているが，その解決の論理がどうであるかということが，家族問題・家族病理を捉える家族論に問われていると言えよう。評価あるいは今後の課題はこの一点にかかっているというのが私の考えである。

結論をやや先取りして言えば、この課題に迫るにあたっても社会のあり方とのかかわりで民主主義の2つのメルクマールにもとづくことが要請されるのではないだろうか。その解決の論理とは客観的条件＝物質的条件と主体的条件＝意識的条件を明らかにする論理であるが、その迫り方において家族病理では前者に、家族問題では後者に弱点があるという課題を残していたと言えよう。すなわち、個人あるいは個別家族に現れる諸問題（＝病理）と社会構造（システム）とはどのような関係にあるのか、社会的矛盾（＝社会問題）が諸個人のあり方とどのような関係にあるか、ということを具体的に明らかにする論理が問われるのである。

▼新たな動向が現れる

この時期の終わり頃には、すでに触れたように、それまでの家族社会学についての総括がいくつか出ていること、そして家族問題・家族病理の新たな方向提示が呼び水ともなって、家族論における新たな動向が顕著に出てくるのである。それは新たな社会的現実への対応という意味ももっており、家族変動論、生活構造論、家族周期論の3つがこんにちにもつながるものとして指摘することができる。そこで、例によってそれらの代表的なものについて考えることを通して、そこから提起されると思われる課題をピックアップして考えてみようと思う。

① 家族変動論

新たな動向の1つとしてまずは家族変動論について考えてみよう。高度経済成長の過程で家族が変化したことは周知のことであるが、内部分析の社会学では、「家」制度の廃止を1つの与件として家族生活の変化に迫ったかつての仕方と同じように、社会的変化との結びつきで家族の変化の内容や意味を問うことなしに、家族の「近代化」あるいは「現代化」を1つの趨勢のように扱って、家族内の「変化の実態」を明らかにするという仕方が支配的であった。しかし、70年代に入ってからの日本社会と生活の激変という状況のもとでは、内部分析だけでは済まされない課題が提起されることになり、家族の変化を捉えるにあ

たっては「家族変動」というよりトータルな見方が要請されたのである。

そのような状況に対応する試みのなかで，内部分析にとどまらないという意味での代表的なものとして『家族変動の社会学』(青井和夫・増田光吉編　培風館　1973年)を取り上げて，その後の論点に結びつく提起について指摘しておこうと思う。まず，マードックおよび森岡清美による家族の定義にたいして核家族論とは違うより柔軟な定義の方向が提起されている。次に，家族の内部の変化を捉えるにあたって，経済および性についての関連が考えられており，親子関係・婦人・老人をめぐる変化についても，外社会との関連で捉える方向が打ち出されている。さらに，家族政策および国際比較という新たな射程へのチャレンジがあるとともに，とりわけ大きな意味をもつものとして家族の未来について論じられていることを指摘することができる。家族の未来を考える視点としては，市民としての成熟・生物学革命との関連，そして「人間主義的家族」という提起は今日的課題でもあるという意味で，さきに挙げた総括とは大きく違う動向であることが確認できる。

② 生活研究の新たな動向

家族を含む生活研究の新たな進展は，「豊かさ」のなかで「新しい社会問題」が多様に噴出し深刻化するという社会的現実に照応して，生活をトータルに捉え直す試みとしてこの時期の新たな動向のなかでは顕著な特徴の1つである。ここでは「豊かさ」の到来と資本主義の矛盾の進展という社会的現実の解明という課題に応じようとする3つの新たな動向に注目することにしよう。

まず，前の時期の社会政策論の貧困研究の延長線上に位置づけられる生活構造論の新たな方向提起を挙げることができる。前の時期の生活構造論は資本主義的生産関係における労働条件という分析から一歩抜け出してはいるものの，「労働力の再生産」という表現に示されているように，基本的には人間を経済活動を営む労働者（＝経済人）として措定するものであった。生活を捉えるにあたっての限界については研究の進展とともに次第に意識されるようになり，解明の新たな方向が模索されていたが，それらの研究動向の検討を通して，松村祥子が経済学の枠から脱皮して社会学への移行を提起したことを指摘してお

こう[19]。社会学の方向とは,生活する人々を「労働者」としてだけではなく「生活者」として捉えるという方向であり,この提起は資本主義社会の矛盾の解決に立ち向かう主体について探るという新しい論理を含むということを意味する。

次には,社会学における生活構造論の新たな理論化の試みを挙げることができる。まとまったものとしての『生活構造論』(青井和夫・松原治郎・副田義也編　有斐閣　1971年)に代表させるが,これは多数の執筆によるため全体として首尾一貫した性格のものではない。しかし,それゆえに逆に生活構造論についての社会学的見方(理論化)の特徴が出ていると思われる。そのなかには,生活水準・生活関係・生活時間・生活空間を生活構造の構成要件として整理しているもの,経済学の系譜の発想を継承している循環図式,機能主義的生活構造論,行動パターンに焦点を当てたものなどがある。これらの生活構造論については3つの問題点を指摘して課題を提起しておこう。1つは,循環図式にみとめられるように,生活構造が静態的にしか捉えられないのではないかということである。生活をトータルに捉えるだけでなく変化こそ捉える必要があるという現代的課題にどう応えるかが問われると言えよう。次に,社会との関連とりわけ社会的矛盾とかかわる視点に乏しいという弱点を指摘することができる。最後に,生活構造の構成要件として,生活水準という抽象次元を異にする概念が並置されていることも付け加えて指摘しておこう。

第三には,マルクス主義的立場からの生活把握の新たな試みとして,布施鉄治に代表される「生活過程論」を挙げることができる[20]。階級・階層論を視野におさめていることが特徴であるが,布施独自の表現である「労働—生活過程分析」は主に実態調査分析によって展開されており,経済学的な労働過程分析にとどまらないという意味で,先に松村が提起した方向の具体的追求の意味をもっている。しかし,「生活」が労働に制約されるという論理が軸となっており,その逆の論理がかならずしも説得的に展開されていないきらいがあり,「生活者」の主体的側面をどのように理論化するかという課題を残している。

③　家族周期論

家族周期論とは,家族にたいする発達アプローチを本格的に理論化する試み

である。家族周期については，古くはロウントリーや鈴木榮太郎などによって取り組まれていたことは専門家の間では周知のことである。この動向については森岡清美の『家族周期論』(培風館　1973年) に代表されると言い切ってよいであろう。それまでの研究史の検討の上に，4つの研究方法が示されたのち，具体的な実証研究が家族生活のいくつかの面——例えば，教育費・生活費・住宅・役割配分など——にわたって展開されている。理論問題としては家族周期と生活構造および家族周期と家族変動は家族生活を2つの時間軸による生活のトータルな把握の方向を示す意義があり，以後の展開という課題を提起している。なお，家族周期と社会的サーヴィスについての応用的射程は，家族政策という実践的課題に結びつく意味をもっていることを付け加えておこう。現象的に家族が多様化しているかに見えることと高齢化の進展は，上に簡単に指摘した理論化の方向と具体的現実認識の積み上げにより，家族周期論をどのように発展させるかが今後ますます重要になるであろう。

## 3　1970年代後半以降

▼多様化する家族論

　1970年代後半以降，私が「ポスト成長期」とネーミングしている時期の家族論の動向については，家族論の多様化とその洪水と言えるであろう。まとまった書物だけでも1年間に10冊以上刊行されており，小論文・調査報告・女性論についての書物（家族論に関連しているものが多い）を加えると，気の遠くなるほど多くなっており，はじめの方で指摘したような家族論の氾濫状況をもたらすにいたっている。したがって，それらすべてについてはフォローしきれないし，また触れる必要もないであろう。次章以降で代表的なものについて具体的検討を加えることにして，ここでは現実的課題への対応にかかわらせて，多様化の動向を挙げておくことにしよう。

　第一には，家族と地域を結びつけて捉えようとする志向を挙げることができる。家族と地域を結びつけて論じる仕方には戦前の「イエ・ムラ」論の伝統が

あったが，都市化の進展と内部分析という事情が手伝って，都市の家族，農村の家族という論じ方が続いており，地域社会学でも家族は単なる調査単位という位置を占めているにすぎない状況が続くなかでの新たな動向を意味する。それは家族生活の「問題状況」のもとで，地域の復権ということが叫ばれる新たな現実への対応としての意味を持ち得る性格のものとも言えよう。70年代に入ってから，その必要性についての提起が家族社会学においても散見されるようになるが，本格的な課題提起あるいは方向づけとして，青井和夫・庄司興吉編『家族と地域の社会学』（東京大学出版会　1980年）が刊行された。「本書は，……日本社会の現実の発展をふまえて，家族と地域社会の社会学を再構築しようとする試みの一つである」と，その性格が述べられているが，前半では家族についての論考，後半が地域についての論考という構成になっており，両者をつなぐ位置にあると思われる「生活構造と地域社会」（松原論文）にしたがう関連あるいは家族と地域の結びつきがみとめられるとは言いがたいものである。その後類似の狙いによる試みがいくつか現れるが，篠原武夫・土田英雄編『地域社会と家族』（培風館　1981年）で，生活構造を媒介として in を問うことではなくて and を問うことが「家族と地域」の関係を問うことであるという方向が提示されている。この時期までには地域研究におけるモノグラフがかなり蓄積されているので，それにもとづく理論化の課題が提起されていることを意味する。これらの志向にほぼ共通しているのは，生活構造論を家族と地域の媒介項としようとすることであり，急激な生活の変化と現象としての多様化にたいして生活をトータルに捉える必要性に応じようとする試みと言えよう。

　第二には，家族の内部分析だけでは捉えきれない家族生活の変化をよりトータルに捉えようとする新たな動向として，生活構造論とともに「生活」へのさまざまなアプローチの試みという動向を挙げることができる。前の時期に試みられた生活構造論が，家族，地域，都市，階級・階層などいろいろな生活関連分野とかかわらせて追求しようとする動向が顕著になってくるとともに，生活様式，ライフサイクル，ライフコース，ライフスタイルといった新たな追求の試みがはじまるのも家族論に結びつく多様化の１つの動向である。それらは「生

活の社会化」の進展，「豊かさ」の意味への問い，生活の個人化に見られるような生活の変化など，生活の新たな現実とのかかわりで現代家族の特徴をどのように見るかという課題への多様なアプローチの試みと言えよう。

第三には，家族と女性とを結びつける，あるいは女性に焦点を当てる家族論が盛んになるという動向を挙げることができるが，具体的には次項でとりあげるので，世界的な人権・差別問題のクローズアップとこの問題に関連する社会運動の進展のなかで，「遅れた」日本の現実へのアピールという意味も込めた対応という性格と結びついた家族論の多様化の1つであるという指摘だけにとどめておこう。

第四には，各種の評論・具体的な問題告発という動向を挙げることができる。これについても項をあらためてとりあげるので，同じく指摘だけにとどめておくが，従来の家族論では見落とされていた視点，異議申し立て，調査研究から欠落しがちな現実などが取り上げて論じられるという点で，新たな動向の1つであるという性格のものである。これらは複雑に見える家族生活の変化をどうとらえるかという課題にたいする新たな見方と「問題状況」の実態を具体的に明らかにするという課題に応えようとする動向と言えよう。

第五には，家族あるいは家庭をどのように創っていくかという家族論の新たな動向が現れたことであり，さしあたりは「家庭創造論」とでもネーミングしておくが，単なる予測としての家族未来論とは違って，人間＝家族構成員の主体的努力を盛り込んだ新たな展開が試みられるという動向を挙げることができる。これについては，家族の行方について考えるという意味で，具体的には終章で取り上げるので指摘のみにとどめる。

最後に，国際比較という意味を込めて，諸外国とりわけ日本以外のアジア諸国の家族についての研究が増加するという動向も指摘しておこう。この動向については，韓国，中国，タイ，バングラデシュ，その他の国の家族について現地調査にもとづく実態把握と特質の解明への志向という性格のものが圧倒的に多いが，現代日本家族論のなかに組み込むまでにはまだいたっていないので，ここでは指摘だけにとどめる。というのは，一種のエリア・スタディとしての

意味があるにしても，比較によって日本の家族の特質にまで迫るということが，課題提起までにも進んでいないと思われるからである。

### ▼女性がクローズアップ

〈家族論の新たな動向〉，〈多様化する家族論〉の項では，それぞれの追求の試みの指摘以上にはあまり踏み込んで考えなかったが，それらの新たな動向のなかでとりわけ大きな意味をもっているものの1つとして，家族論にとっての女性が独自な追求課題としてクローズアップされたことを挙げることができる。この動向については，ここ20年ばかりの内外の状況の進展が大事な意味をもっていると言えよう。と同時にそれまでの社会学や経済学などの家族論に大きく欠落していた部分への着目という意味でも，その主張の性格については確認しておく必要がある。

1975年の国際婦人年は，家族論において女性をクローズアップさせる1つの大きな契機であった。この年には第一回の世界女性会議が開催され，その後，1994年の国際家族年，1995年の第四回世界女性会議が開催されるにいたる20年間に，人権・差別問題の最大の課題の1つとして女性問題がクローズアップされたことは，家族，女性に関心をもつ者にとっては周知の事実であろう。

フェミニズム，女性学 女性史，女性問題論などが多様に展開されるというかたちで女性がクローズアップされることになるが，その特徴は2つあると言えよう。1つは，主婦論争である程度は現れていたのであるが，女性の論者が前面に出てきたことである（女性学には男性の論者もいる）。もう1つは，それまでの「常識的」家族論にたいする根本的な異議申し立てという性格である。しかも家族のあり方をターゲットにする，あるいは両性関係を論じることが中心に据えられていることによって，現代家族論の大きな焦点の1つとして位置づけることができるのである。その意味において具体的にはあとの章で考えるので，ここでは家族論において女性がクローズアップされた意味，および対応の性格について簡単に指摘したい。

家族論として女性がクローズアップされるようになったという事実について

は，2つの新しい意味を確認する必要がある。女性をめぐる現実については，基本的な見方・考え方としてこの時期以前にまったくなかったわけではないが，特徴としては，女性の置かれている差別的現状にたいして，社会一般ではなくて対男性という視点から，したがって「女性独自」の視点から論じられるということである。もう1つは，女性それぞれの生き方を問うというかたちで問題提起がされていることである。この意味では，女性がクローズアップされる新しい動向において主要な位置にあるのがフェミニズムと女性学であるとおさえるのが適切であろう。そこで，この2つについてそれが何であるかを，あとの章につなぐ意味で簡単に確認しておこうと思う。

　フェミニズム（論）と女性学とは何であるかということについては，それらの論者によっても一様ではない。「……性差別の存在という認識を持つ限り，それをフェミニズム論であると規定しよう。……この意味で言えば，フェミニズム論に含めるべきものは，『婦人問題』『女性論』『女性学』『女性史』『女性問題』『女性解放論』等と呼ばれてきたものとほぼ重なることになる」[22]と江原由美子は述べている。しかし，フェミニズムをそのように拡げることには私は賛成できない。フェミニズムは，「性差別の存在という認識」をもつだけではなく，それに加えてなんらかのかたちで広い意味での女性運動（あるいは実践）に結びついているという性格のものである。したがって，その及ぶ範囲はいろいろあるが，1つの主張がただちに新たな現実を直接生み出すという性格のものである。だからこそ「有名フェミニスト」相互間のはげしい論争がなされていると思われる。

　女性学とは何かについては，女性学の論者が述べていることを簡単に確認しておこうと思う。山口真は，「女性学が新しいのは，女性解放を目的とし，女性解放運動への寄与を基本的使命にするとともに，学問体系として女性学の体系を確立し，女性に関する研究と教育を大学・短大のなかに（すなわちアカディミズムのなかに）もち込もうとする点にある」[23]と述べている。また，小森健吉は，「『女性学』は新しい学問である。だから構築されるべき課題としての学問，創造されるべき夢多き未熟で未来に富む学問である」[24]と述べている。

したがって，女性学は形成途上の「学問」であるが，それについての検討は家族論の焦点とかかわらせて第5章でおこなうことにして，ここでは女性のクローズアップが新しい学問形成に及んできていることを確認しておくにとどめたいと思う。

女性のクローズアップはフェミニズムと女性学に大きく代表されるのであるが，その他にも女性史や女性論がいろいろなかたちで論じられていることが，ここ10数年の家族論をめぐる大きな潮流の1つになっている。それは，次項で挙げるような問題群がその差別的な社会的立場によって女性には男性よりも顕著に現れる現実といわゆる「近代化」の進展への1つの対応であると同時に，それまで支配的であった家族論（さらには現代社会論）への根本的な異議申し立てと言えよう。

▼評論は花盛り

評論的家族論にたいしては，私自身はこれまでは，「不充分」・「視野が狭い」・「一面的」であるなどのマイナス的な評価をしてきているが，それはあくまでも私の「家族社会学」の立場にもとづくものである。換言すれば評論的家族認識にとどまるだけではいけないということを意味する。しかし。現代日本家族論としていかなる意義があるかというかたちで考えるならば，異なる評価になるのである。評論的家族論には上に指摘したような性格が確かにあり，そのすべてではないにしても，マスコミ報道にも似て，「新奇性」と「誇大表現」，そして部分的現象をあたかも一般的状況であるかのような印象を与える論調などによって家族論に混乱をもたらすものもある。しかし，評論的家族論のなかには，いわゆる「学術的家族論」では見落とされている考え方・見方や現実認識を提起するもの，あるいは鋭い課題提起をするものなどがしばしばあるのである。その具体的な検討・評価については次の章で述べることにして，ここでは現実的課題との関連というかたちで取り上げようと思う。

まず，単なる評論の域を越えて現代家族について精力的に論じている小浜逸郎の家族論を挙げることができる。ここでは『家族の時代』（小阪修平と共編

五月社　1985年),『可能性としての家族』(大和書房　1988年) の2つについて簡単に指摘しておこう。「家族の戦後史」が論じられている (跡づけられているのではない)『家族の時代』については, 2つの点を指摘しておこう。1つは前半部分で男性と女性では対家族に意識のズレがあるという指摘である。もう1つは後半部分で, 対家族の意識として家族など要らないという意識とやはり要るという矛盾にみちた精神状況が指摘されている。前者では家族社会学者が「社会学的実態調査」によってファミリィアイデンティティを論じる以前の指摘として, 社会学的調査の意義に問題を投げかけているのではないだろうか。後者では家族の空洞化の進展のなかでの家族の現実的な存在意義についての問題を投げかけていると言えよう。『可能性としての家族』では, 家族についての不安, 家族の本質, 家族の根拠などが論じられているが,「学術的家族論」がどのように対応してきたか, そしてどのように対応する必要があるかという問題を投げかけていると言えよう。

芹沢俊介の『漂流へ　芹沢俊介家族論集』(春秋社　1987年) はやや違った点から家族論を展開している意味で, これまた家族論に根本的な問いを投げかけているものである。評論集という性格のものなので, 全体としての展開というパターンにはなっていないが, どんなテーマを取り上げる場合にも, 芹沢自身が〈あとがき〉に述べていることに集約される思考がそれぞれの論考に一貫している。すなわち,「家族のエロスの衰弱を, 家族のエロスが成立する水準がとてつもなく高度化してしまった[25]」という見方である。

ますのきよし『〈家族〉ってなんだろう』(現代書館　1981年) にも注目する必要がある。この家族論のポイントは, 家族はどこからきてどこへいくのか, という問題意識にもとづいて動物の家族, 原始の家族, そして子育てを素材として論じていることである。ますの自身が述べていることだが, 家族と社会, 女と男, 子どもとおとなの関係性を問い直そうという性格の試みと言えよう。

「家族論」として意味があると思われる評論的家族論はこれに尽きるものでなく, フォローできないほど多数ある。それらに共通しているのは, 多くの問題を抱えていると思われる家族の現在にたいする「問題状況的」認識にもとづ

いて，家族そのものを考えるにあたってのなんらかの新たなプリンシプルの提示あるいは模索がなされると同時に，単なる予測としてではないかたちで家族（そして社会のあり方）の未来を見つめていることである。それらは，「全体としての家族」が見えにくいという状況にたいして，どのようなプリンシプルによれば見えるかということを示唆するものと言えよう。

　最後に，上に例示したような「家族論」として一定のまとまった見解とは違って，家族に現れている新しい問題群について論じたものもまた，その意義について確認しておく必要がある。80年代前半にかなり集中しているのは，「問題状況」という表現でもわかるように，出口なしとも思われる状況のなかで出口への模索がはじまったばかりという時期に照応してるのではないかと思われる。主婦に現れる問題を論じたものとしては，一時は半ば流行語にもなった，斉藤茂男『妻たちの思秋期』（共同通信社　1982年）を代表的なものとしてまずもって挙げることができるであろう。家族あるいは夫婦に現れる問題としては，小此木啓吾『家庭のない家族の時代』（ABC出版　1983年）を代表例として挙げておこう。子どもに現れる問題の例としては，山田和夫『文化なき家庭の病理』（大和出版　1985年）に代表させよう[26]。それらは問題告発という性格のものであるが，こんにち求められているのは問題告発だけにとどまらない「家族創造」への志向であるが，他方では問題告発とともにそのような論じ方もまたはじまっている。したがって，これまでに概観した家族論から家族の行方をどのように考えるかが問われるのであるが，それについては，90年代の家族論の検討も加えて，終章で考えようと思う。

**註**
1）望月嵩は以下の文献を挙げている。
　　森岡清美　「わが国における家族社会学の発達」（『成城文芸』96，成城大学　1981年）
　　上子武次「戦後日本の家族研究」（『人文研究』13巻9号，大阪市立大学人文会　1962年）
　　山手茂「家族問題と家族社会学の展開」（北川隆吉監修『叢書・戦後日本の社会と社会学』第2巻　時潮社　1975年）

第 3 章　家族論の流れ　101

　　布施晶子「家族」(『現代社会学』季刊労働法別冊 6 号　総合労働研究所　1980
　　年)
　　飯田哲也『家族社会学の基本問題』(ミネルヴァ書房　1985年)
　　(望月嵩・目黒依子・石原邦雄編集『現代家族』リーディングス　日本の社会
　　学 4 (東京大学出版会　1987年) 12ページ
2) 本文でも述べているように，敗戦直後の第一の模索期であり，以後，家族社会
　　学の支配的動向としては，前提としての近代家族，核家族論，構造機能分析，
　　「集団としての家族」研究という性格がほぼ確立したが，そのすべてが問い直
　　されているという意味で，このように言えるであろう。
3) 望月嵩が挙げた拙著『家族社会学の基本問題』「第五章　戦後日本の家族社会
　　学」でのまとめでは，理論的課題を導き出すための整理の性格が濃いものであ
　　り，現実的課題との関係への射程がきわめて不充分であり，総花的整理という
　　性格が強かった。
4) 川島武宜『日本社会の家族的構成』(日本評論社　1950年) 2 ページ
5) 1972年の『社会学講座』での「家族と社会」では〈家族と親族〉〈家族と職業〉
　　という内容であり，その他のものも〈家族と農村〉〈家族と都市〉などの内容
　　として論じられていることを指摘することができる。
6) 『社会学体系　第一巻　家族』(石泉社　1953年) 238ページ
7) 松村祥子「生活研究の一動向」(園田恭一・田辺信一編著『生活原論』講座現
　　代生活研究 II　ドメス出版　1971年) を参照。
8) 篭山京は戦前の『国民生活の構造』(長門屋書房　1943年) から一貫して追求
　　しており，『生活経営学』(光生館　1968年) で現実分析も含めて法則性を主張
　　している。
9) 中鉢正美『生活構造論』(好学社　1956年)
10) 主婦論争についての文献は膨大にあるが，代表的なものについては，上野千鶴
　　子『主婦論争を読む』(勁草書房　1982年) に収録されているので参照。
11) 姫岡勤・上子武次編著『家族　その理論と実態』(川島書店　1971年) 45ペー
　　ジ
12) 布施晶子「家族」『現代社会学』季刊労働法別冊第 6 号　総合労働研究所 1980
　　年　178ページ
13) 同上書　174ページ
14) 光川晴之『家族病理学』(ミネルヴァ書房　1972年) 44ページ
15) 山根常男「社会階層と家族病理」(那須宗一他編『家族病理学』家族病理学講
　　座第 1 巻　誠信書房　1980年　128～151ページ)
16) 山手茂『現代日本の家族問題』(亜紀書房　1972年)
　　　「民主主義的価値判断」を取り入れることについては，私もその必要性を認
　　める立場にあるが，憲法に依拠するのではなく，自己の民主主義の原理を明言

する方がベターである。
17) 湯沢雍彦『家族問題の社会学』(サイエンス社　1981年) 153〜155ページ参照
18) 拙著『家族社会学の基本問題』(ミネルヴァ書房　1985年) 205〜207ページ
19) 松村祥子「生活研究の一動向」(園田恭一・田辺信一編著『生活原論』ドメス出版　1971年) 参照
20) 布施鉄治編著『地域産業変動と階級・階層』(御茶の水書房　1982年) では実証的に、布施鉄治・岩城完之・小林甫共著『社会学方法論』(御茶の水書房　1983年) では理論的に論じられている
21) 青井和夫・庄司興吉編『家族と地域の社会学』(東京大学出版会　1980年) はしがき　Vページ
22) 江原由美子編『フェミニズム論争　70年代から90年代へ』(勁草書房　1990年) 8ページ
23) 山口真・山手茂共編『女性学概論』(亜紀書房　1987年) 5ページ
24) 小森健吉編『現代女性の生き方』(ミネルヴァ書房　1982年) 20ページ
25) 芹沢俊介『漂流へ　芹沢俊介家族論集』(春秋社　1987年) 304ページ
26) 新しい問題群について論じたものとしては、円より子『主婦症候群』(文化出版　1982年)、桂戴作『台所症候群』(サンマーク出版　1983年)、小室加代子『解体家族』(批評社　1983年)、小川捷之『夫婦の危機』(光村図書　1984年)、黒川昭登『荒廃する親子関係』(誠信書房　1982年)、中村好子・小川恒子・大嶋恭二『子どもたちの家庭崩壊』(有斐閣　1985年)、など多数ある。

# 第4章　現代家族論の焦点（1）

　前章ですでに述べたように，「ポスト成長期」における家族論の流れはますます多様性を帯びてくることになる。この多様性についてはすでに簡単に指摘しているが，それらを並列的に検討すると論点が不明瞭になるおそれがある。整理の仕方についてはいろいろあると思われるが，具体的現実とのかかわりで論点を鮮明にするために，現代家族論の焦点を3つに分けて考えてみることにしよう。

　1つは，家族社会学を軸として考えるということである。我田引水かもしれないが，家族社会学の家族論ほど具体的現実を重視するものはないことを，ここでは繰り返し強調したい。事実を重視するがゆえに，これまたすでに述べたことだが，事実の見方が重要である。いろいろな事実をなんらかのデータにもとづいて同義反復にも似た説明が加えられているにすぎないものから，きちんとした独自の視角によって事実認識を構成しているものまで，事実の見方が良かれ悪しかれそれぞれの性格と論点を鮮明にすることになるであろう。

　もう1つは，すでに触れた「異議申し立て」論を軸にして考えるということである。これまでの支配的な家族観——主に伝統的家族観と近代家族観——が一般常識として根強いこと，そしてそれが支配的な意識的条件になっていることは疑いもない事実であるが，言論界では「異議申し立て」論がかなり前面に出てきている。それらを思想あるいは理念としてだけ検討することは「神々の争い」をより複雑にするだけであろう。したがって，家族社会学とは逆に，意識的および物質的両面での現実的条件との関係を問うことによって，家族社会学の家族論とは異なる意味で論点が鮮明になるであろう。

　そして最後にもっとも新しい家族論を，これからの家族の行方と密接に結びつくという意味で，前二者とは違った性格のものとして取り上げる必要があると思われるが，これについては最後の章で別に考えることにしたい。というの

は，本書の試みもそうであるが，なんらかのかたちで戦後50余年の家族の変化を射程にいれていること，そしてかならずしもすべてではないが，家族論についての「常識」に一定のプリンシプルにもとづいて根底的にメスを入れていることがそれらの特徴だからである。

　ただし，このように3つに分けるということはあくまでも焦点を当てるにすぎないということであって，第一の家族社会学の検討において「異議申し立て」論が全く入らないというわけではない。また，第二の「異議申し立て」論の多くは両性の実質的平等，女性解放という視点に立っており，家族社会学においてもそのような視点が多くなる傾向にあるので，後者に前者が全く入らないというわけではない。そしてまた，そのなかには第三の家族論に含まれるものもある。家族社会学にたいする批判は「異議申し立て」論からされていることが多いし，他方，家族社会学においてもジェンダーという新しい視点を取り入れるという動向が強まっているという複雑な状況の整理を意味する。この章では，家族そのもの（あるいは家族の本質）をどのように考えるかということ，およびそれにもとづいて家族の現実とりわけ家族の変化をどのように見るかということを軸として考えてみることになる。なお，この章と次章では，「現実認識としての家族」と「思想としての家族」を民主主義の2つのメルクマールという視点から，理論的意味に加えて家族論としての意味についてもあわせて取り上げることをことわっておこう。

## 1　家族社会学の家族論を考える

#### ▼家族論としての家族社会学

　社会学一般がそうであると同じように，一口に家族社会学と言っても千差万別である。なにしろ，研究対象そのものである家族とは何かについての見解に著しい相違があるくらいだからである（この点では地域社会学と性格が似ている）。はじめに述べたように，日本では家族とは何かという定義についてはあまり論議されてこなかった。だからほぼ常識的な家族観によるか，外国の直輸

入の家族の定義によることが多かった。家族論あるいは家族観について根本的な異議申し立てがあるので,根本的な異議とはどんなことかを考えるために,家族社会学においてこれまで支配的な(＝相対的に多数であるという意味)見方・考え方による「家族」をまず簡単に確認しておこうと思う。

いわゆる「近代家族」(家族社会学では〈近代家族〉パラダイムと表現)としての現代日本の家族を論じるにあたっては,家族＝「婚姻・血縁家族」という家族観が暗黙の前提となっており,核家族論にもとづいていることが多くの家族社会学の家族論の特徴であると言えよう。ここではまず,相対的に多く採用されているという意味で,理論的立場の異なる核家族論のなかの3つの見方を示すが,具体的検討は次項ですることになる。

① 森岡清美の見解

この見解については,森岡の定義をそのまま引用しておこう。「家族とは,夫婦・親子・きょうだいなど近親者を主要な構成員とし,成員相互の深い感情的包絡で結ばれた,第一次的な福祉追求の集団である」[1]

② マードックの見解

現存する世界の「250の人間社会の通文化的サーヴェイ」によって核家族の普遍性が主張され,核家族はふつう性的・経済的・生殖的・教育的の4つの機能をもっているというのが彼の見解の特徴である。

③ パーソンズの見解

アメリカの「中産階級」の実態調査にもとづいて,子どもの社会化と成人のパーソナリティの安定の2つの機能を家族の本質的機能としている。さらに,夫婦の役割分担を鮮明にしていることにも彼の見解の特徴がある。

以上の3つは,日本の家族社会学では明示するしないはともかくとして相対的に多く採用されている見解であるが,「ポスト成長期」に入ってからは,異議申し立てが多くなってきている。しかし,核家族論について検討する場合には,その意義と限界あるいは現実的意味についてきちんとおさえておくことが大事である。私自身は核家族論の立場にはないが,全面否定は厳に避けるべきであると考えている。

すでに述べているように，新たな主張をする場合には先学の知的遺産をどのように継承しているかあるいは活用しているかがきわめて重要である。私はかつて家族社会学の知的遺産をほとんど継承することなしに自己主張したことがある[2]。具体的現実をもっとも重視して家族論を展開する家族社会学の知的遺産については，最後に総括的に触れるが，ここでは森岡清美の見解に代表させて考えようと思う。日本の家族社会学の史的展開においては，戸田貞三，小山隆，森岡清美という流れは意義のあるものと思われるからである。いずれも外国の直輸入ではない核家族論の立場にあること，そして家族社会学における具体的展開ではこの立場と大同小異のものが多いと考えられるのである[3]。

森岡の業績全体については，90年代に入って古稀を記念してまとめて整理されているので（森岡清美監修『家族社会学の展開』培風館　1993年　335～378ページ），詳細はそれにゆずることにして，『新しい家族社会学』（望月嵩と共著　有斐閣　1983年）について考え，さらに『現代家族変動論』（ミネルヴァ書房　1993年）について若干補足的に考えることを通して家族社会学の性格が典型的に示されている点と継承する必要がある点にしぼって述べておこうと思う。『新しい家族社会学』は，「発達アプローチを軸とし，それに相互作用，構造・機能などのアプローチをかみあわせて，全体を構成した」とされており，具体的には次のような構成になっている。

　　　　Ⅰ家族とは　　Ⅱ家族の形成　　Ⅲ家族の成長　　　Ⅳ家族の内部構造
　　　Ⅴ家族の解体　　Ⅵ家族と外部社会　Ⅶ家族の変動

家族社会学のこのような展開は，森岡が現代の家族社会学の課題は家族の動態研究にあるとして，家族変動と家族発達，歴史研究と反復調査，国際比較研究と累積的研究の必要性という1974年に提起した課題に自らが応えようとした試みであると言えよう[4]。その大事なポイントについては以下のように確認することができる。

まず，家族社会学にとってはごく当たり前のことなのであるが，具体的な現実を重視する，あるいは現実にもとづいて家族について論じるということである。いくつかの例を挙げるならば，現代日本の結婚をめぐる現実，家族の内部

関係の現実，家族のライフサイクルなどを統計的資料や各種の調査に依拠して論じていることである。次に，外部社会の意味については，具体的には親族関係，職業，地域の3つが家族との関係において取り上げられている。家族の変化（変動と表現されている）については，「家族形態と家族機能にあらわれた変化」について詳しく論じられている。

　家族社会学のなかで意外に見過ごされているのが，家族の危機と家族政策への言及である。家族の危機については発達課題と結びつけて捉えるものとされており，危機的移行という見方にポイントがある。すなわち，「……その克服の失敗がただちに家族崩壊につながるのではなく，それらが累積されることによって家族統合が失われていくという性格をもっている」[5]という危機認識の見方が鮮明に示されている。10年後に発表された『現代家族変動論』については，研究方法・実証的研究・応用というかたちで『家族周期論』と同じような展開になっている。ここでも家族政策に触れられているが，第5章で検討することにして，家族論としての論点を提起しておこう。家族の内部分析および変化については，外部社会を射程にいれた巨視的動態認識への志向が認められるという点では，家族論としての家族社会学の1つの方向を示すものであるが，両者の相互関係についての理論化は緒についたばかりであり，その方向の追求が森岡家族社会学を継承する者の最大の課題であろう。

### ▼核家族論に意義があるか

　上に述べたように，核家族論がかなりの期間にわたって家族社会学研究の主流を占めており，あとで考える「異議申し立て」論においても，核家族論が完全に批判されているわけではない。しかし，第1章で述べたように，〈事実と見方〉ということをめぐっては，核家族論は家族論にとってきわめて大きな意味をもっているのである。核家族は，マードックによって提唱された専門用語でありながら，現在では普段は普通に使われているということに意味がある。そこで，核家族論の意味を考えるための素材として〈森岡―山室〉論争から入っていくことにしたい。というのは，この論争そのものがフェアであったため

に論点がすべてではないにしても鮮明に出ていると思われるからである。この論争については，私自身がかつて問題提起的に取り上げたことがあるので，ここでは簡単に論点だけを示しておこう。

　この論争は，1963年に山室周平が「核家族論と日本の家族」（『ケース研究』77・78号）において，核家族論批判をおこなったのにたいする森岡清美の反論というかたちをとっているが，そこに核家族論の意義と問題点が鮮明に出ていると思われるのである。山室は，まずマードックやパーソンズの核家族論の内容を示し，それと対置して外国における核家族論批判および日本における核家族論批判に言及する。つまり，それ以前の見解の検討の上に自論を展開するという当然の作業をする。かれの核家族論批判は日本の家族の現実を根拠としており，具体的には，近親婚，核家族の自立性，相続の実態，家族構成の4点にわたって検討されている。理論問題としての焦点は核家族の自立性にある。これについては，若干の調査結果を示しながら，「父母と子の核家族としての自立性，ないし自己完結性」が明確でないこと，「夫婦のパーソナリティの『安定化』，ないしは『バランスの調整』の機能を果たすべきユニットとしての核家族が，しばしば自立性をもち難い状況にあること」と指摘されている。

　このような批判は彼の実態調査研究にもとづくものであるが，これに加えて，「近代家族を永遠の相に固定することなく，その推移を注意深く見まもる必要がある」という主張および「核家族論は家族の近代化に資するところがあったとしても，その後における家族の『危期』や『解体』を正当に理解しえないのみならず，問題解決のさまたげとなる惧れすらなしとしないのである」という主張である[6]。ここで確認する必要があるのは，核家族論批判もさることながら，「近代家族」が家族一般ではないという主張および家族問題あるいは「家族解体」をきちんと捉える理論の必要性を提起したことであり，この主張は現在でもぜひとも確認しておかなければならないポイントである。これを逆に言えば，核家族論を直輸入のまま日本の家族へ適用したことが，核家族論の最大の問題点であったということにほかならない。

　このような核家族論批判に答えるかたちで，森岡清美が「核家族論の有用

性」(『ケース研究』81号)において主張している。森岡の核家族論の主張は, 日本の家族構成を捉える理念型として核家族概念を性格づけていることである。したがって, 核家族の普遍性は当然問題とはならない点に加えて, 家族機能に結び付けないところにマードック見解との決定的な違いがある。核家族論の有用性については, 家族結合の性質と核家族論の適用という2つの面から主張されるが,「核家族に一定の機能を結びつけない, ということは, これを単に家族構成の構造的単位として取り扱うことに外ならない[7]」ということを意味する。

この論争についてはかならずしも決着がついたわけではなく, 理論問題としてだけでなく「家族論」としてもそのまま存続しているが, ここで確認しておく必要があるのは, 森岡の主張ではなくて山室の批判点の現実的意味である。ポイントは2つある。「近代家族」が家族一般ではないという指摘は当を得たものではあるが, 核家族論が家族機能のみならず「役割構造」にまでおよんでいる場合があることまで射程に入れないならば, 不充分な批判となる。なぜならば, あとでフェミニズムの検討で再び触れるが, 核家族としての「近代家族」は実質的には女性差別の温存の上に成り立っているという非民主的性格を特質とするものであり, 核家族論にもとづく「近代家族」認識は客観的にはそのような特質から目をそらすことを意味するからである。もう1つは,「家族の『危機』や『解体』を正当に理解しえない」という批判点である。これについては, 核家族論批判をさらにすすめて, ではいかなる家族論によって「正当に理解」することが可能であるかという課題が提起されることになる。

では, 核家族論の意義はどこにあるのであろうか。核家族の普遍性そのものは明らかに正しくないのであるが[8], 家族論として考えてみるならば, 現実には核家族が圧倒的に多数を占めているとともに, 将来において家族形成の「自由化」が実質的に可能になったとしても, 核家族が相対的に多数を占めるであろうことが予想される。なぜならば, 家族に代わって子育てを担う集団・機関は家族否定論においても具体的に提示されていないからである。したがって, 家族構成についての「理念型としての核家族」概念はいろいろな家族を比較し特徴づける点で一定の有効性をもつと思われる。さらに子育てについては, こ

れまた理念型的思惟として家族機能を分析するにあたっては，マードックの経済的，生殖的，教育的という機能およびパーソンズの子どもの社会化の機能は一定の有効性があるとも思われる。したがって，複雑に変化している現代家族にたいして，どのように有効性をもつ理論として彫琢していくかという課題として受けとめる必要があると言えよう。

▼**家族社会学の3つの立場**

　前章で簡単に見たように，1970年代後半頃からは家族社会学の多様化が次第に進行することになる。そのような「多様化」の動向にある家族社会学について簡単に整理することはきわめて難しく，整理の仕方によっては不公平というそしりを免れないのであるが，そしりをあまんじて受けるつもりで，ここで簡単に整理しておこうと思う。この場合の整理の視点はいわゆる理論的性格によるものではなくて家族論としての立場という視点である。

　すでに述べたように，模索の段階を経過してからの日本の家族社会学の支配的な動向は核家族論と構造機能分析にあった。実証主義という支配的動向があると言えないこともないが，再三述べているように，家族社会学の家族論が何よりも現実を重視する性格つまり実証的性格が強いので，これについては1つの立場として独立して扱う必要はないであろう。「異議申し立て」がやや盛んになってきた現段階でも，この状態は依然として存続している。したがって，それを1つの基準として家族論としての家族社会学について考えるならば，大きくは3つの立場に分かれるというのが私の見方である。

　1つには，依然として存続しておりかつ相対的に多数を占めている核家族論の立場を挙げることができる。この立場はきわめて鮮明であり，構造機能分析と実証（本書第3章の実証主義も含む）の最重視がその基本的な性格である。この立場については，「内部分析の家族社会学」の項ですでに触れているので，ここでは研究者の主観的意図はともかくとして，客観的にはいかなる思想としての意味があるかについて指摘しておこう。実証をなによりも重視すること，しかも全体社会が理論的には与件としての位置にあることは，現在の「婚姻・

血縁家族」を前提とすることを意味する。なぜならば，それが「社会的に承認されている家族」であり，それ以外の家族は「家族」としては承認されていないからである。家族のあり方についての学問的禁欲がはたらいていることは，あるがままに見るという社会学としてはともかくとして，家族のあり方そのものが鋭く問われているこんにち，思想としての家族のあり方については論者の主観的意図はいろいろあるであろうが，客観的には現状肯定という立場にあることを意味する[9]。だからこそ，家族社会学にたいする批判的見解が内外から出てくることになるのである。

　2つには，ここでは非核家族論の立場と表現しておこうと思う。この立場については，大きくはフェミニズムの家族社会学もこれに属するのであるが，これについてはあとでまとめて検討することにして，ここではフェミニズムとは異なる山根常男見解に代表させることにしたい[10]。有賀喜左衛門や山室周平もこの立場にあり，家族社会学理論としてはかならずしも共通してはいないが，思想としての家族論としては2つの特質を指摘することができる。1つは現在の家族の姿を前提としないという柔軟な思惟であり，もう1つは，家族の存在意義を人間的生活の望ましいあり方と子育てに求めていることである。と同時に，社会のあり方についても現在のあり方を前提としないで，家族の存在意義に応じる社会諸分野の具体的あり方の追求への射程があるのが特徴である。

　もう1つは，量的には少ないが，マルクスの見解にもとづく立場であり，私自身も大別するとこの立場に属することは言っておいてよいであろう。この立場も他の2つの立場と同じように，もっとも基本的にはエンゲルス見解に依拠しているという点をのぞいては多様であるが，2つの特徴を挙げることができる。1つは，社会との関連を重視することであり，家族の社会的規定性とりわけ階級・階層にもとづく視点が鮮明であることである。もう1つは，経済的格差そしてそこから生じる諸問題を重視することである。したがって，「社会問題としての家族問題」が重要な位置を占めていると同時に，その解決の論理が社会のあり方との関連で問い続けられているのが特徴である[11]。

　以上から，いくつかの注目点を整理すると，次のようになる。家族内の人間

関係のあり方についてどのように考えるかということである。具体的には家族関係の現実つまり家族的結合とは何かということにたいしてどのようなスタンスをとるかとうことを意味する。これは，すでに挙げた「個人化する家族」を典型例とした現代家族の特質をめぐって，そのような家族のあり方について単にありのままの事実を特徴づけるだけでなく，家族論としてはその特徴そのものをどのように考えるかという論点を意味する。

　次に，いろいろと特徴づけることができる家族にとって諸個人つまり男性，女性，子ども，高齢者とは何であり，逆にそのような諸個人にとって家族とは何であるかということが問われるという論点である。男性および女性と家族についてはあとで考えることにして，ここでは具体的に高齢者・子どもと家族について少し考えてみよう。いくつかの例を挙げるならば，いわゆる棄老の時代には高齢者は家族にとって無用の存在であったが，「家」制度のもとでは家族が責任をもつことになっていた。戦後は意識の上でも制度の上でも実態としてもはっきりしていないというのが現実であろう。したがって，社会的合意をいかなる考えにもとづいて創っていくかという論点が浮かび上がってくる。

　子どもにとっての家族は，アリエスに依拠した家族論に見られるように，欧米では歴史的に変化して現在にいたっているが，日本ではアリエスの見方がどの程度適用できるのであろうか。そして，もっとも新しいものとしては「子どもの権利条約」に依拠することになるが，社会における子ども・家族における子ども・子どもにとっての家族ということをめぐって，その異同および理念と現実が問われることになろう。なお，男性にとっての家族というテーマは，これまでは「人間にとって家族とは？」とほぼ同じ意味であったため，ほとんど論じられていないので，今後開拓する必要がある。

　最後に家族と社会の関係をどのように見るかということを，重要な論点として指摘することができる。社会を与件ないしは背景とするにしても，あるいは社会のなかに家族を位置づけるにしても，両者がいかなる関係にあるかが具体的に問われることを意味する。これまでの検討を念頭におきながら，私自身のこれまでの追求を前提として言えば，家族と社会との矛盾をどのように考える

第4章　現代家族論の焦点（1）　113

か，家族の多様化に対応する社会をどのように考えるか，家族と社会との相互関係をどのように考えるかということを，上記のことをも視野におさめて考えるという論点の統合問題ということになろう。

## ▼内からの反省の性格

　内部分析の家族社会学への反省は，基本視角がどうであれ，家族社会学にとっては必然であった。しかし，反省は外の見解に触発されての場合が多く，若干の例を除いてはかならずしも内発的な反省であったとは言えないであろう。しかし，先に森岡清美の課題提起について述べたことにあるように，核家族論，構造機能分析，家族と外社会というそれまでの見方では対応できない現実の出現，とりわけ家族変動についての見方，高齢化の進展にともなって提起されているライフサイクルなどがその主な点であるが，前の章では単に指摘にとどめた『家族変動の社会学』における反省あるいは課題提起について，焦点となるものをピックアップして，家族論にとっての意味について考えることにしよう。

　まず，家族の新たな定義（家族とは何か）として山室周平は次のように提起している。

　「家族とは日常的な生活をともにしている夫婦，親子等の親族や，その他の事実上の成員から成り立つ集団であるが，必ずしも同居しているとは限らない」[12]

　家族とは何かということについての提起としては，先に挙げたように，核家族を家族一般とはしないという立場からの定義の試みであるという意味では前進しているが，「事実上の成員」とは何であるかということ，それとの関連で同居していない場合の成員をどのように確定するかという課題を残していると言えよう。

　次に，「親子関係」については主に〈しつけ〉が取り上げられている。家族論にとっては，家族否定論でないかぎりは，子育ては最重要なテーマの1つである。これについても内部分析に加えて，地域差，職業・階級差，家族形態差という視点が加わっていることがポイントである。しかし，主として実態調査

研究の個別的事例が示されているにとどまっているので、それらの事例で明らかになったことをどのような家族論として一般性のあるものにしていくかが問われることになる。「婦人をめぐる変化」については、内部分析の家族社会学にとどまらない方向が出てきていることを指摘することができる。すなわち、女性の役割の変化をめぐっては、その具体的変化について社会的生産過程、消費過程、そして社会的役割というかたちでの論考によって、社会の変化と女性の社会活動を視野に入れた見方の必要性とマイホーム・イデオロギーの虚偽性という批判的見解が示され、民主的な家族への模索の方向が提起されているが、その具体的イメージが家族論としては提示される必要があろう。

　家族の変化を捉えることとかかわっては、家族の定義問題と同じように核家族論的見方への反省を指摘することができるとともに、家族政策についても本格的に論じられているとは言うものの、家族政策そのものをどう見るかということも含めて、全体としては試論的性格あるいは課題提起の域を大きく越えてはいない。以上簡単に指摘したことにみとめられるような反省や課題提起は1970年代のはじめに提起されたものである。問題はその後の70年代、80年代を通じて、そのような「反省」がどのようなかたちで家族論としての家族社会学に出てきているかということにある。その間の10数年は、「ポスト成長期」としての社会的変化のもとで、家族生活についてもまたいろいろな面で新たな現実が現れるのであるが、そのような反省を受けての新たな家族論の構築はかならずしも進展したとは言えない。いわゆる〈近代家族〉パラダイムが本格的に問い直されるのは80年代の終わりである。その問い直しの意味の検討は、現実的にはこれからの家族の行方に、理論的あるいは思想的にはこれからの家族論の展開にかかわるので、終章で考えてみたい。

## 2　女性論と同伴する家族論

### ▼女性論と家族論

　女性論と家族論が同伴することは、それぞれのテーマと具体的な現実を考え

れば当然のことである。しかし，女性解放論が初期には社会主義女性論と自由主義女性論であったので，家族論を充分に取り込んだあるいは家族のあり方を射程に入れた女性論ではなかったと言えよう。女性解放論に家族が位置づけられるには，外国の理論と運動の導入が大きな契機となったのであるが，それらの導入にあたっては日本社会の現実的条件とのかかわりが問われることになる。そこでこれまでにすでに触れている家族論のなかで，女性論にかかわるものをこれからの方向を考える意味というかたちで，視点を変えて見直すとともに女性の生き方論と歴史認識を加えて考えることにしたい。

ところで，誤解されるかもしれないことを承知で言えば，民主主義という観点からは，ジェンダーという視点はともかくとして，フェミニズムや女性学が要らなくなることこそが望ましい社会だ，と私は考えている。というのは，現実的には民主主義の2つのメルクマールを適用すると，女性が合理的根拠なしに社会的に不平等の地位にあることは疑いもない事実であり，主体的未成熟もまた疑いもない事実である。もっとも後者については女性にかぎらず男性もまたそうであるが。したがって，民主主義が真に実質化すれば，女性の不平等は解消されることになる。また，〈歴史・社会をつくる〉という主体性が多数のなかに成熟していれば，差別をもたらすものを女性も男性もともに連帯して排除するであろう。そこで，この項では民主主義の視点から家族論にかかわる女性論がどのような性格として捉えられるかについて考えてみることにしよう。

戦後50余年における女性論については，女性史，女性労働者問題などいろいろな分野から論じられている。家族論に結びつく女性論としては，フェミニズム，女性学がただちに想起されるであろうが，この2つについては，次の章で取り上げることにして，ここでは次の4つについて考えることを通して，女性論の動向と焦点について考えることにしたい。

まず，すでに触れた主婦論争について再論することから具体的に考えてみよう。三次にわたる主婦論争から提起された課題については，女性と家族と社会との3つの関係をどのように考えるかという理論的課題と，家族と女性の現実をどのように見るかということにもとづいて女性の生き方をどのような方向に

求めるかという実践的課題としておさえることができる。論争の多くがそうであるように、現実と理論と実践との3つを混同すると、論議が錯綜する。したがって、女性が社会的にどのような現実にあるか、家族生活の現実はどうか、そのような現実をどのように考えるか、それらの帰結として女性の生き方を問うというかたちで問題を立てる必要がある。

　しかし、1970年代前半頃までは、時代的制約も手伝って社会主義的な女性解放論が多数を占めていた。つまり「社会的解放論」という性格が強く、家族がほとんど射程には入っていなかった。そのような事情のためか、民主的あるいは革新的政党や労働組合の活動方針には、婦人対策・青少年対策・高齢者などへの福祉対策があっても、家族対策はなかったのであり、90年代に入ってもそれらの活動方針の性格はあまり変わっていないように思われる。このことはそれらの諸組織の家族にたいする思想的・理論的貧困を意味するものであるが、さらには、日常生活に着目しての〈歴史・社会をつくる〉という主体形成への射程が乏しいという民主主義思想としての弱点があることをも意味する。したがって、家族と結びついた女性解放論は一部の自覚的な女性およびその他の女性論に委ねられざるを得なく、あとで示すように「市場の論理だけで再生産の論理がない」という批判を招くことになるのである。

　女性の生き方論についてはきわめて錯綜した状況にあり、家族との結びつきでは結婚について論じることがクローズアップされるようにもなってきている。いわゆる「シングル論」を含めて女性の生き方論は結婚をどのように考えるかということと家族論が結びつくことになり、人間一般あるいは男性や若者・老人（この2つには女性抜きの一般化的性格がある）の生き方論とは異なるところである。なぜならば「結婚すべきか」とか「シングルのすすめ」という論じ方は男性の生き方論（あるいは若者論）にはないからである。この場合家族論にとって問われるのは、そのような提起そのものの是非ではなく、家族論としては結婚と家族をめぐってどのように考えるかということである。結婚するかしないかは諸個人の自由であるが、家族とのかかわりでは女性と結婚をめぐる具体的現実と望ましいあり方を分けて問題設定をすること、もう1つは子ども

の出生を含む人口の再生産と家族における人間の生産についてその社会的意味を明らかにすることである。

　女性と家族を論じる顕著な動向として歴史的に論じる，あるいは女性の歴史をまとめることが多くなっている。[15]それ自体は好ましい傾向であるが，問題は家族論としてそこから何を得るかにある。女性の社会的差別の原因と具体的あり方，そして変化と変化しない面を歴史からどのように汲み取るかが問われると同時に，とりわけ近代社会の見方をどのような原理的視角から見るかが重要である。女性論がいろいろな角度から投げかけている課題についてかなり一般的に指摘したが，それらについては終章で最終的に答えてみようと思う。

### ▼女性論から共生論へ

　女性論の一部には個人的視点にもとづく「男性敵論」的論調があった時期があるが，続いて「男性飼育論」的論調が現れたりといったかたちも指摘できる。その後，社会的視点が導入されて「男性中心社会」批判などを経て，もっとも新しい主張は両性共生論である。女性論における主張のすべてがそうであるわけではないが，〈共生論〉はいまや流行の観さえあり，日本人は「バスに乗り遅れるな」がどうも好きなようである。

　ではなぜ共生論が脚光をあびているのであろうか。そして共生論は家族論として何か新しい見方を根源的に提起しているのであろうか。その意義と問題点はどこにあるのであろうか。まず指摘できることは，共生論とは論理的には異質なものの共存についての妥協の産物ではないか，という疑問である。このことは，共生論の特徴についてちょっと考えてみればわかるはずであるが，家族論あるいは女性論に結びつく共生論を具体的に考えるに先だって，「共生論」そのものというよりは「共生」という見方あるいは発想の仕方について一般的に考えてみよう。

　共生というのは，地球環境問題から発した考え方あるいは主張である。具体的に言えば，ほとんど周知のことであるが，自然破壊の進行，いくつもの生物種が絶滅の危機に瀕しているという問題は地球上のいろいろな場所でみとめら

れており，マスコミとりわけテレビという媒体を通してしばしば報道されている。その解決の方向として，人間と自然との共生あるいは人間と動物との共生ということが叫ばれるようになってきたのである。この意味について原理的に考え確認することは，家族論あるいは女性論における共生論を考えるにあたってはきわめて大事なことである。

　地球環境問題としての自然破壊や生物種の絶滅の危機とは，人間と人間以外の存在との共生が失われていったことに起因するのである。かつては人間は自然環境やあらゆる動物種・植物種とは共生しており，それは自然の生態系を維持することを意味するものである。共生が失われるということは，生態系そのものを変えること，いや生態系を破壊することにほかならない。したがって，地球環境問題としての共生論とは，失われつつある共生の復活の主張にほかならない。そこには，科学・技術の発達により人類は自然にたいして征服者としての位置にあり，その立場から人類（＝強者）を優先しつつ「環境にやさしい」あり方というのが共生論の基本的な論理なのである。そして，この論理が国家間の関係や民族問題に適用されるようにもなっている。

　そこで，ひるがえって家族論における共生論について考えてみると，男性と女性の共生を意味することは言うまでもない。もし「共生」という言葉を上のような意味とするならば，家族論としての共生論の主張には，男性と女性の共生が失われているという認識にもとづくことになる。現実には果たしてどうであろうか。男性と女性は人類の生誕以来ずっと共生しており，いまも共生している。共生があったのが失われつつあるので，共生の復権を主張するという問題の立て方は家族論としては不適切である。そうではなくて共生のあり方が変化してきているのであり，女性にたいする差別的共生のあり方がわずかではあるがその解消の方向にすすんでいること，そして子どもや老人との共生のあり方が模索されているという現実認識にもとづいて問題を立てることである。そうすると2つの論点が浮かび上がってくる。

　1つは，男性，女性，子ども，老人，そして障害者も加えて，それら相互の関係のあり方にについては，原理的には「強者の論理」にもとづく共生論では

なくて，〈人間みな平等〉という民主主義の実質化をいかに徹底して追求するかという論じ方こそが共生論が提起している課題に迫る方向であると思われる。民主主義を機軸として考えるならばごく当たり前のことであると思われるが，そこからどのような具体的課題が提起されているかを考えることが大事であろう。したがって，論者の主観的意図はともかくとして，客観的には共生論とは異質性の混在にたいする根本的解決を先送りするという主張として性格づけられるのであり，装いが新しいだけであると思われる。もっとも，さらに新しくは「男女共同参画（社会）」という表現による主張が出てきている。

　もう1つの問題は，根本的には男性と女性という個人的レベルでの発想，社会学では方法的個人主義と言うが，にもとづいているということである。別な表現を使えば，社会の具体的あり方を民主主義に照らして全体として考える必要があるということにほかならず，その方向については終章で示そうと思う。

## ▼家族社会学の多様化

　終章でまとめるための準備作業という意味を含めて，前の項までに挙げた論点についてさらに具体化するために，家族社会学の現在について考えてみよう。すでに述べたように，「多様化」しているとも見える家族社会学は，今どうなっているのであろうか。ある意味では多様化していると言えるが，見方を変えればそれほど多様化しているとは言えないのである。そこで重複することを承知で，家族社会学（家族論一般ではない）の流れを民主主義の状態との関連でもう1度簡単に整理して，最後に論点をまとめることにしよう。

　「模索の家族社会学」の時期では，家族そのものの見方にいくつかの方向の可能性があったものとして整理することができる。それは，「家」制度の廃止のなかで日本の家族の行方が日本社会の行方，とりわけ民主主義の行方とともにいろいろな方向に進む可能性があったことにほぼ照応していたのである。高度経済成長期の家族社会学では内部分析という性格が支配的であったことを確認したが，それは日本の家族の変化の動向と密接に結びついていた。すなわち，経済成長に応じた消費水準の個別的追求，そのための都市への移動と，移動に

便利な核家族形態の動向が自然成長的に進展したのであり，そのような家族の現実的変化を前提とした家族論としての家族社会学が支配的になったのである。家族社会学のこのような流れを民主主義の観点から見るならば，日本における民主主義が意識としての個人的自由に傾斜する方向に進んだという現実に照応していると言えよう。

　しかし，実態としてはかならずしもそうではない民主主義の状態，平等と主体性の前進を置き去りにする傾向の強い状態であった。すなわち，具体的には固定的性役割分業に見られるような女性の実質的不平等や経済生活に見られる階層間格差の拡大という不平等な状態を指摘することができる。そしてそのことが意識の自由に反して自由そのものを制約するにもかかわらず，民主主義の実質化を可能にする方向での社会のあり方の修正には関心が乏しくなるという主体性の未成熟（あるいは後退）という民主主義の状態にほかならない。そのような問題性の噴出が一挙に意識されるようになることと一定の経済的豊かさという現実が，「ポスト成長期」における家族社会学の多様化をもたらすことになる。

　その多様化について一般的に言えば，高度経済成長がもたらした家族生活の変化と問題性という新たな現実に照応するものである。すなわち，先に挙げた方法的違い，変化を見る射程，そして家族そのものの見方という3つの要素が複雑に組み合わされること，とりわけ後二者の多様性が家族論としての家族社会学の多様性を生み出すとともに，「全体としての家族生活」が見えにくい状況に照応して家族社会学の動向をも見えにくくすることになる。

　3つの要素のうちの後二者について具体的に指摘しよう。変化を見る射程については，ライフサイクル論などの生活論，家族の生活構造論，家族と地域，家族と他の生活分野，家族の諸問題を挙げることができる。家族そのものの見方には，「近代家族」への異議申し立てが顕著になってくる。そしてこれらすべてに女性のあり方がなんらかのかたちでかかわっていることに多様化の特徴がある。このことは家族生活の多様化と生活の社会化の進展に高齢化の進展が加わった変化，そして形式的な自由・平等と置き去りにされている友愛という家族生活をめぐる民主主義の状態に照応するものである。さらには，〈人間が

歴史・社会をつくる〉という民主主義のもう1つのメルクマールの必要性がまだ不充分であるとは言え，とりわけ女性の意識と活動において浮かび上がってきていることによるものと考えられる。そこで，これまでに充分には検討しなかった新たな射程について，それぞれがいかなる論点を提起しているかについて指摘しておこうと思う。

　まず，ライフサイクル論に加えてライフスタイル論やライフコース論という表現によるいろいろな視点からの生活論の意義は，以前よりも現代的意義をもってたち現れたテーマである。周知のことであるが，かつては先人の好ましいと思われる手本から学べば事足りた老後の生き方が，高齢化の進展とライフサイクルの変化によって，人が生涯を如何に生きるかということを，長い老後期を射程に入れて創っていく課題として提起されており，これにライフコース論やライフスタイル論などが結びついて多様化をもたらしている。

　次に，家族の生活構造論，というよりは生活構造論が家族生活を考えるにあたっていかなる意義があるかを考えることが大事である。これについては家族と他の生活分野というテーマが結びつく性格のものと考えられる。家族と地域については，筆者自身も提起しているテーマであるが[16]，このテーマについては生活構造が媒体概念であることは，大部分の論者にみとめられるが，こんにちではそれだけにとどまらない意味をもつにいたっている。詳しい展開は〈現代日本の生活構造〉というかたちで別に論考を必要とすると思われるので，ここでは指摘だけにとどめる。家族と教育については子どもの生活時間と親子の生活関係に，家族と職場では篭山見解における生活時間に加えて生活費用に，家族と余暇は同じく生活時間と生活費用に加えて生活空間と家族員相互の生活関係に，家族と福祉については地域や職場も含めたより総合的な生活構造による把握が必要であり，理論的には不充分ではあっても部分的にはそのような論及がはじまっていることが多様化をもたらしている。

　最後に家族の諸問題への迫り方が問われる。これについては，これまでの家族問題，家族病理，問題告発，家族の危機というかたちですでに述べているので，その状況がさらにすすんでいるという指摘にとどめる。

## 3 民間研究所が語りはじめた

### ▼生命保険文化センターによる家族論

すでに述べてきたことによって明らかなように，1980年代から90年代にかけてはいろいろな意味で〈家族の時代〉とも言われるように，家族が学界・言論界で大きくクローズアップされてきている。そのような状況に対応するかのように，以前は主に政治・経済について論じていた民間の研究所が家族について論及することが多くなり，顕著で特色ある動向の1つになっているので，家族論について考えるにあたっては見落とせない焦点となっていると思われる。そのなかでも生命保険文化センターが継続して多面的に家族研究に取り組んでいるので，それら一連の研究結果について考えてみたい。

家族の現在の問題性に迫る試みとして『ゆれ動く現代家族』（日本放送出版協会　1984年）をまず挙げることができる。「現代日本家族が外見上は安定してみえるが，内部的にはいろいろな問題をもっており，その症状が徐々に顕在化しているという危機感であった。われわれはこの現象を『潜在的家庭崩壊』と名づけた[17]」という文章に家族の現在の問題性にたいする見方が基本的に示されている。具体的には，次に挙げるいくつかの点にわたって現代家族についての考え方を示すことを通しての問題性の認識と言えよう。国民生活を考えるための社会指標のなかで「家族」指標が一貫して低下していることが指摘され，いまや家族の問題は社会的な問題であるという認識がまず示される。具体的現実分析としては，法，病理，女性，育児，老親の介護についての諸問題が取り上げられる。家族をめぐる一般的考え方として，家族は制度的に育児の機関であるという本質的認識を基本にすえ，家族員の自立性と相互性と相補性によって家族生活が順調に営まれるという見方から家族の問題性について見ると，性役割の固定化，自己実現の困難などにより家庭が機能不全におちいっており，これが「潜在的家庭崩壊」という状況をもたらしているとされている。

『いまの家族　これからの家族』（日本放送出版協会　1985年）に示されてい

る家族の現在についての見方は，上の見方とほぼ同じと言ってもよいので繰り返さないが，〈これからの家族〉については家族論としては相対的に多く見られる性格のものなのであるが，あとの論考にも結びつくという意味で簡単に指摘しておこう。すなわち，問題性からの脱却の方向として，家庭内のあり方や政府・行政のあり方そして考え方についての提言があるとはいうものの，それらの方向提示は願望の域を大きく出ていないことを指摘することができる。また『核家族　その意識と実態』（日本放送出版協会　1986年）は表題通りであり，家族意識の変化方向，家族生活の変化方向が統計資料と実態調査にもとづいて示されている。

　『21世紀の家族像』（日本放送出版協会　1986年）では，21世紀を基本的には多様化した個々人の世紀として性格づけることによって，文字通りに21世紀に予想される家族像について論じられている。特徴的な点を挙げると，安定した協力社会をつくる必要（＝近代民主主義の成熟）があること，そのためには個人の自覚的な関係づくりが必要であるとともに「設計社会」とも言うべきいろいろな生活設計が必要であることが主張されている。そしてそのような社会・関係そしてそこでの家族生活にとっては，諸個人の個別的努力が大事であり，そのような「協力社会」もまた個人レベルの考え方が重視されている。

　そのような主張にしたがって描かれている未来像は，一般的には確かに望ましいことであるが，個人レベルでそのような考え方をもつことで，実際に「協力社会」を作り出すことができるであろうか。民主主義の1つの面としての〈人間が歴史・社会をつくる〉という点での一定の主張があるとは言え，全体社会のあり方をどうするか，つまり個々人の考え方と個別的な主体的努力というレベルの思考では，未来への展望が，客観的には願望にとどまることを意味するのではないかという疑問が残る。

▼その他の家族論

　民間研究所の家族論としては，前項で取り上げた生命保険文化センター以外のものとして，博報堂生活総合研究所編『「半分だけ」家族』（日本経済新聞社

1993年）とニッセイ基礎研究所『日本の家族はどう変わったか』（NHK 出版1994年）を取り上げよう。『「半分だけ」家族』は，戦後日本の家族の変化を次のように捉えているところに，トレンディな性格をもちながらも単なる現象論ではないという性格もあわせもっている。

50年代＝男（夫）たちが家を出た。就業構造の変化と核家族化。

60年代＝モノが家に入ってきた。三種の神器の普及など，主婦の仕事の軽減。

70年代＝女（妻）たちが外に出た。余暇時間の増大，「奥さん」の外での自己実現。

80年代＝家族のバラバラ化が進んだ。個々人の生き方の多様化，家族の絆の希薄化。

　戦後50年の家族生活の特徴の変化がこのようなかたちで整理されており，いわゆる「豊かな社会」への道として捉えられていると言えよう[18]。このような変化の結果としての〈女と金が家族を変えた〉という見方は，家族論の１つとしてそれなりに一貫している。このような性格の家族論（＝現代家族認識）の見方にたいして，「ファミリー消費をどう見るか」という副題にあるように，きわめて限られた視点によるものであっても全くの誤りではないのである。したがって，「全体としての家族」を考えるという立場からは一定の批判あるいは弱点を指摘することができるが，そこからどのような課題を導き出すかが，批判することよりも大事である。課題提起としてはただ１つ，女と金が家族を変えたという視点を「全体としての家族」の変化の把握にどのようなかたちで具体的に組み込むかという課題として受けとめることが大事である。

　『日本の家族はどう変わったか』においても，戦後50年の家族生活の変化とそこから導き出される一定の現実的課題が整理されている。具体的に示されているものは産業構造，女性，個人化などほぼ大同小異である。そして各論として取り上げられているテーマも，企業と家族，子どもと家族，ネットワークと家族　情報化と家族　高齢化と老親子関係など最近いろいろなかたちで問題視されているものであり，基本的性格は，これまでに挙げたいくつかの家族論とそう違わないのであるが，これについてもまたいかなる課題として受けとめる

必要があるかということにかぎって，指摘することにしよう。もっとも注目する必要があると思われるのは，「家族が見えると社会が見える」という論じ方である。そこには，一方に企業中心社会，他方に個人化，そしてその狭間にあって家族の絆の弱体化の進行という現実認識がある。そのような状況が個人化の進行にもかかわらず個の自立を妨げてもいるという認識にもとづいて，結論部分では，「これまでのように性別役割分業を前提とし，社会を画一的な家族像に収束させていくことで，社会全体のニーズの最大公約数を満たし，また効率的な社会をめざすというシステムは，根本的に見直される時期にきているようである」[19]という問題の投げかけは，現代日本家族についてどのようなかたちで論じるにしても，避けることのできない課題と言えよう。

**註**
1) 森岡清美・望月嵩共著『新しい家族社会学』(培風館　1983年）3ページ
2) 拙著『家族の社会学』(ミネルヴァ書房　1976年）
3) 1970年代後半以降の具体例を若干挙げると，大橋薫・増田光吉編『改訂　家族社会学』(川島書店　1976年），望月嵩・本村汎編『現代家族の危機』(有斐閣　1980年），四方寿雄編『危機に立つ家族』(ミネルヴァ書房　1987年）などがある。
4) 森岡清美「家族社会学の現代的課題」日本社会学会『社会学評論』98号　1974年
5) 森岡・望月共著　前掲書　78ページ
6) 山室周平「核家族論と日本の家族」『ケース研究』77号　東京家庭裁判所家庭問題研究会　1963年　23〜32ページ，78号　1963年　9〜22ページから引用，説明。
7) 森岡清美「核家族論の有用性」『ケース研究』81号　東京家庭裁判所家庭問題研究会　1964年　25ページ
8) 歴史的に見ても，ナヤールの女系家族や日本の妻問婚の存在を指摘することができるが，現在でも中国のある地方に女系家族の存続していることが報告されている。
9) このことが典型的に現れてくるのが家族病理の見方においてであり，核家族を含まない「家族」が逸脱あるいは問題とされるのである。しかし，そのような「家族」に問題があるとすれば，「核家族を含まないこと」にではなく別のところに問題があるかどうかというかたちで分析される必要があるであろう。
10) 山根の著作としては『家族の論理』(垣内出版　1972年），『家族と人格』(家政

教育社　1986年），『家族と結婚』（家政教育社　1990年）を代表的なものとして挙げることができるが，キブツ研究の成果をも背後にして家族力動論の主張，子育ての重視などに一貫した思想がみとめられる。なお，正岡寛司が『家族―その社会史的変遷と将来―』（学文社　1981年）で非核家族の立場から家族論を展開している。

11) この立場のものとしては，山手茂『現代日本の家族問題』（亜紀書房　1972年），光信隆夫『家族関係の社会科学』（垣内出版　1978年），布施晶子・玉水俊哲編『現代の家族』（青木書店　1982年），鎌田とし子・鎌田哲宏『社会諸階層と現代家族』（御茶の水書房　1983年），布施晶子『新しい家族の創造』（青木書店　1984年），布施晶子・玉水俊哲・庄司洋子編『現代家族のルネサンス』（青木書店　1992年）などがある。

12) 山室周平「作業仮設としての概念規定の試み」青井和夫・増田光吉編『家族変動の社会学』（培風館　1973年）34ページ

13) 夫婦別姓問題がはっきりと論議されるようになってからすでに6年が経過しているが，具体的あり方はともかくとして，そのような諸組織と直接結びついていない女性の運動という範囲にとどまっていることは，それらの諸組織には政府その他の障害に有効に対置できるような家族対策の方針がないことの典型的な現れであろう。

14) 上野千鶴子『家父長制と資本制　マルクス主義フェミニズムの地平』（岩波書店　1990年）で本格的に問題提起がなされているが，他の著作でもいろいろなかたちで指摘されている。

15) 女性史総合研究会編『日本女性史』（東京大学出版会　1982年），『日本女性生活史』（東京大学出版会　1990年）などは代表的な例である。

16) 編著『都市化と家族の社会学』（ミネルヴァ書房　1986年）ではその必要性について考える過程で生活構造の重要性に気づき，遠藤晃氏との共編著『家族政策と地域政策』では，さらに政策の重要性の認識が加わった。

17) 生命保険文化センター編　山根常男監修『ゆれ動く現代家族』（日本放送出版協会　1984年）236ページ

18) 博報堂生活総合研究所編『「半分だけ」家族』（日本経済新聞社　1993年）4～7ページ

19) ニッセイ基礎研究所『日本の家族はどう変わったか』（NHK出版　1994年）297ページ

# 第5章　現代家族論の焦点（2）

　「近代家族」にたいする「異議申し立て」が出てくるのは1970年代に入ってからであるが、しかも、家族社会学から家族の存在そのものにたいする疑問として提起されたのであると言えば、ひとは意外に思うであろう。しかし、すでに示したように、〈近代家族〉パラダイムを無条件に採用する家族社会学にたいする批判がいろいろなかたちで出ているが、その批判が家族社会学のすべてにあてはまるわけではない。家族社会学にもいくつかの理論的立場があるから、それは当然のことであろう。事実を大事にするがゆえに、家族社会学は理論的修正をしばしば迫られるし、事実の単純な説明で終わらないためには、理論的課題に応える方向をも追求してきた。

　〈近代家族〉パラダイムにたいする疑義は先に検討した『家族変動の社会学』（1973年）においてすでに提起されており、その後もけっして主流になることがないにしても、しばしば提起されているのである。とりわけ80年代末からの「異議申し立て」は、フェミニズムや女性学に触発される、あるいはそれらを導入することが試みられてもいるし、フェミニズムの立場にある家族社会学という例もかなりあり、最近ではあまり区別する必要がないほどになっているとも思われる。そのことは今後の家族論にとって重要な前進に結びつくと思われるが、それらについては最後に考えてみることとして、この章では家族論の前進を触発すると思われるフェミニズム、女性学、そしてやや異質の評論的家族論について考え、それらが実践とのかかわりが濃いという性格もあるので、家族政策をめぐっても合わせて考えてみようと思う。

　フェミニズムは、一方では現実的運動も含めた理論的（あるいは思想的）、実践的自己主張であるのにたいして、女性学は性格が異なるのである。しかし、家族社会学や女性論とは学問としての性格が異なる女性学とが往々にして混同されがちなのである。私にたいして、「家族をやっているから女性学について

も講義ができるだろう」という依頼があることがある。私は，女性については家族とのかかわりで言及しているので，そのかぎりにおいては1種の女性論として話せないこともないが，女性学については門外漢であるし，また女性学研究として積極的に取り組むつもりは目下のところないのである。あとでも触れるが，女性学の意義はフェミニズムとは違った意味で課題提起をしていることにある。したがって，女性学が対象としているもの，あるいは課題提起について女性学でない立場からきちんと応えるならば，女性学（そしてフェミニズムも）は必要ではなくなるであろう，と私は考えている。誤解を避ける意味で再び言えば，女性学やフェミニズムを必要としないまでに民主主義の実質化がすすめばそうなるであろうということを意味する。なぜならば，女性学やフェミニズムが存在するということは，女性の社会的位置づけについての民主主義の問題性の現れだからである。

　ここでは実践が大きな意味をもつのでこれまで以上に民主主義の観点が重要である。したがって，民主主義については2つの点をきちんと再確認しておく必要がある。女性にたいする差別あるいは抑圧が社会的には実質的に存続しているということは，〈人間みな平等〉という民主主義の理念がまだ現実化していないことを意味する。民主主義のもう1つのメルクマールである〈人間が歴史・社会をつくる〉ことをめぐっては，日本人の現実とりわけ女性の現実において，どれだけ主体的な活動があるだろうかが問われる。したがって，前者の現実化と理念が学問に徹底的に貫かれるならば女性学の必要がなくなるであろう。後者については理念だけでは不充分であって，主体的な活動が日常化することによってのみフェミニズムが必要ではなくなるであろう。前の章では家族社会学に軸をおきながらも，〈家族と社会〉が焦点であり，どちらかと言えば，理論面あるいは現実認識に重点があったが，この章では，〈家族と個人〉が焦点となり，家族のあり方に重点があるという意味で「思想としての家族」について考えることになるので，とりわけ民主主義の実質的徹底ということが常に問われることになる。この場合，「思想としての家族」を考えるとは，日常生活における民主主義的関係を創っていくことを意味する。

## 1 女性学・フェミニズムから学ぶ

▼フェミニズムの主張をめぐって

　フェミニズムには欧米からの輸入という性格が強い面もあるが，フェミニズムの論点についてまず簡単に触れてその意義をはっきりさせることにしよう。女性解放論には大きく分けると「自由主義フェミニズム」「マルクス主義」「ラディカル・フェミニズム」「マルクス主義フェミニズム」の4つの立場があり，かなりはげしい「論争」あるいは異なる立場への批判がなされてきている。しかもそれぞれの立場のなかでもさらに若干異なる立場がある，という錯綜した状況にある。さらにはやや性格が異なるエコロジカル・フェミニズムがあることに加えて，最近ではポスト・フェミニズムという見解すら出はじめている。そのような見解への反論が出るか出ないか，出るとしたらどのようなかたちか，といったことは，それとしての興味のあるところだが，ここではとりたてて意味を与える必要はないであろう。ここではフェミニズムのいろいろな主張を1つ1つ検討してそれぞれの主張について考えるのでもなければ，フェミニズムの主張を批判したり疑問を投げかけるのでもなくて，あくまでも現代日本家族論という意味で考えてみるということを，あらかじめことわっておこうと思う。[1]

　フェミニズムそれぞれの立場の違いについては，家族生活との関連において女性解放（あるいは両性の平等）をどのように追求するか，逆の面から言えば，女性差別（あるいは抑圧）の根源をどこに求めるかによって立場が異なる。基本的には「性支配」と「階級支配」についてどのように見るかによるものである。したがって，女性差別の根源をどのように考えるか，あるいは「女性解放」の方向をどこに求めるかによって，家族がどのように見えてくるかということこそが問われることになる。フェミニズム内部の論争あるいは見解の違いについては，江原由美子の整理があるので，主としてそれに依拠して家族論にとって意味があると思われる論点について考えたい。

江原によれば、「主体の交代によって創られた断層を埋めていく作業が、今これから必要なのだと強く思う[2]」という課題意識にもとづいてフェミニズムの史的展開の整理、そして主体による時期区分が試みられている。論争における未解決な問題について、6つの論点に整理されているが、家族論に引きつけて考えるならば、〈働く女〉対〈生活する女〉、〈家庭批判〉対〈家庭擁護〉、〈運動〉対〈学問〉、〈実践〉対〈理論〉の3つの論点が浮かび上がってくる。この他に〈自然〉対〈文明〉、モダン・ポストモダン、西欧、日本をめぐる錯綜した論点があるが、これはいわゆる〈近代〉をどう考えるかという問題であって、ここで簡単に論じることができるものではない。ここまでは私のような「外部の者」でも論点としてわかるが、最後の〈さまざまなフェミニズム〉対〈アンチ冠つきフェミニズム〉となるともはや理解の範囲外にある、あるいは家族論にとっては「コップの中の嵐」どころか「サワーグラスの中の細波」程度にすぎないようにも思われる。そこで、家族論（あるいは社会学）にとっての3つの論点について問題の立て方と課題提起をめぐって考えてみようと思う。その場合、フェミニズムにおいて往々にして言われている家族＝再生産領域を措定したことと家事労働の発見という意味についても言及したい。

　〈働く女〉対〈生活する女〉という論点は古くしてかつ新しい問題の1つであることは、江原ら自身も指摘している通りであり、第一次主婦論争から継続している論点として女性論では繰り返し（蒸し返し）提起されている。「働く女性の大幅な増大という現実に対応しつつ……[3]」という場合の「現実」の具体的あり様が問われることを指摘しておこう。

　〈家庭批判〉対〈家庭擁護〉という論点は、第一次主婦論争とはちがったレベルでの論点であることを前提として考える必要がある。というのは概念問題と現実問題が錯綜して論議されているからである。すなわち、近代家族を概念としてどのように確定するかということと、「近代家族」としての現代日本の家族の現実をどう見るかということと、そこでの女性の現実的位置という3つの関連が問われていることを意味する。具体的には家庭について論争する場合には、現にある家庭について論じているのか、家庭の一般的意味について論じ

ているのかが峻別されなければならないことを意味する。

　〈運動〉対〈学問〉もまた，フェミニズムにかぎらず古くして新しい問題の1つである。一般的には学問あるいは理論を展開する者のスタンスという性格をもっており，「現実的にはこの両者は，社会変革という過程においても，学問変革という過程においても，互いを前提とすることで，結果的に『役割分担』している」と江原自身が述べているような性格のものであって，対立とするよりは，両者の関係が問われるという性格のものと言えよう。

　以上，簡単に示した論点の意味に加えて，フェミニズムの主張の大きな特質について簡単に指摘しておこう。フェミニズムがはじめてではないにしても，家族＝再生産領域という理論的課題提起を一般化したことは，人間生活（あるいは社会）を捉えるにあたって，それまでは「理論的」にはかならずしも十分に射程に入っていなかった家族と家事（労働）を，理論的に無視できないものとして提起したことの意義は大きい。女性解放については，一般的な男女平等の追求，階級を主軸とした社会主義的女性解放論，性差に単純化することなどは，理論的にも実践的にも不充分であることは明らかであろう。とするならば，「……生産と再生産とを単一の過程の部分として十分に統合できるような」理論構成と言われるように，性差と社会構造（＝階級構造）をどのような原理で統合するかという課題，言い換えるならば，モノとヒトとの2つの「生産領域」を理論的にいかに結びつけるかという課題は今日的課題にほかならない。この課題は家事をどのように考えるかという課題とも不可分であり，家族生活を論じるにあたっては避けて通れないであろう。

## ▼女性学の性格について

　女性学とはどのような性格なのかについて確定的に言うことはきわめてむずかしい。というのは，女性学の性格が論者によってかなり異なるように思われること，と同時にわざわざ女性学として独自な主張をする必要があるのかという疑問があること，そして最後に女性学のすべてではないが，社会科学としての性格がはなはだ疑わしいものまでが「氾濫」しはじめているからである。

ここで人文科学と言わなかったのは，人文科学であるならば，女性解放思想（史）あるいは女性論で事足りるのではないかと思われるからである。しかし，ここでもまた多様な女性学の試みを批判したり疑問を投げかけたりするのではなく，提起されている課題を家族論としてどう受けとめるかについて考えようと思う。

そこで女性学としての主張が比較的鮮明であると思われる例によって，その性格についてまず考えてみようと思う。日本における女性学誕生については，富士谷あつ子編『女性学入門』(サイマル出版　1979年)，岩男寿美子・原ひろ子『女性学ことはじめ』(講談社　1979年) とも言われているが，いずれも外国産（の紹介）であり，どこを起点とするかはむずかしいところである。家族社会学のなかからの女性学の早期の主張としては，女性学という表題にはなっていないが，目黒依子『女役割——性支配の分析——』(垣内出版　1980年) を挙げることができる。ここでは，そのような進展を跡づけるのではなくて，性格が異なると思われる3つの著作について考え，その性格と課題提起について述べたいと思う。

山口真・山手茂共編『女性学概論』(亜紀書房　1987年) は，社会科学としての女性学を本格的に樹立しようとする試みのものである。体系志向の試みとして社会諸科学と女性学との関連が説明されており，一方では法学にたいして女性法学，社会学にたいして女性社会学，史学にたいして女性史学，教育学にたいして女性教育学という例示がある。他方では，経済学にたいしては女性労働・消費生活，文化人類学にたいしては女性文化学，政治学にたいしては女性解放の政治学という表現に見られるような異なる対置の仕方による例示もされている。研究分野だけではなく教育分野にたいする提言があることも，そこでの女性学の特徴と言えよう。そして「……人間に関するあらゆる学問に，女性と男性との関係，女性の解放などの視点にもとづく研究分野が発展し，女性学をより総合的な内容ゆたかなものにしなければならない[7]」とされている。第二章以下が各論にあてられており，歴史のなかの女性・男性，法・社会政策と女性，教育のなかの女性・男性，雇用労働における女性，家族・社会福祉と女性，

女性の自立と社会参加，文化のなかの女性・男性となっている。

篠崎正美『男も読もう 女性学入門』(石風社 1988年)は，終章に示されているのだが，人間学としての女性学を志向する試みと言えよう。各論についてもまた，その構成を示しておこう。

　Ⅰ性差と役割分担　　　　Ⅱ母たちの時代　　　Ⅲ人権と性
　Ⅳ固定的性役割からの解放　Ⅴ女性の地位向上をめざして
　終章　「人間学」としての「女性学」

個別的事例が普遍的な問題を含み得るという立場から，体験や日常性の事例を多く用いた問題提起が，女性の生活や社会的位置などいろいろな面から論じられており，生活実感がにじみ出ているが，体系志向とは異なる性格の女性学の主張と言えよう。

小松満貴子『私の「女性学」講義』(ミネルヴァ書房 1993年)は「自立のためのオリエンテーション」という性格づけによる女性学の主張であり，〈精神的自立〉〈経済的自立〉〈生活的自立〉〈市民的自立〉の4つの自立が目指される必要があるとされている。これについても比較の意味で構成を示しておこう。

　Ⅰ女性学とは何か
　Ⅱ職場と女性──経済的自立を求めて
　Ⅲ家庭と女性──男女の生活自立を求めて
　Ⅳ地域社会と女性──市民的自立を求めて

そして「"女性学"とは，人間としての女性尊重の立場から，学際的に女性およびその関連の諸問題を研究する学問であり，女性の視点(立場)をもって既成の諸学問を洗い直すものである」という日本女性学会の設立趣意書にしたがって構成されており，「したがって，女性を対象とする意味なら当然触れるべき女性の消費行動分析などは扱っていないことをお断りしておかねばなりません」[8]と述べられている。

このような立場(あるいは性格づけ)にもとづいて，具体的な資料によって，女性労働，労働組合，性別役割，家事，生殖と性，家族，市民活動，高齢化などをめぐって，具体的現実と問題点，今後の方向(あるいは課題)について論

じられている。その内容そのものは多くの女性論などの論考とそれほど違っていないが，ここで特に注目する必要があるのは，「自立」という表現に象徴されているのだが，日常生活を含めた主体的活動がかなり全面に出ていることである。

　女性学の性格としては，上の例にそれぞれを代表させたのであるが，社会科学の1つとしての体系志向，主として日常生活に注目した「女性論」的性格，その中間的性格と3つの種類に分けておさえることができるというのが，私の見方である。そこで前項でのフェミニズムそして女性学についてはほとんど論評抜きに取り上げたこと，しかし家族論とのかかわりではかなり共通した問題点と課題提起があると思われるので，次の項で一緒に考えてみようと思う。

## ▼問題点と課題について

　フェミニズムの主張および女性学の提唱（すでに提唱の域をすぎているかもしれないが）に共通しているのは，女性が置かれている社会的位置についての強烈な自覚である。共生論の方向を提起しているとしても，男（優位）社会にたいする告発である。と同時になによりも実践と結び付いていることが重要な特質であろう。そこで，両者の立場から提起されている課題の家族論にとっての意味をはっきりさせようと思う。

　現代家族論と結びつけてその主張の意味を考えるならば，いわゆる近代家族の告発では家族論としてはきわめて不充分であると言わねばならない。家族論としての家族社会学においても，〈近代家族〉パラダイムにたいする疑問・批判は継続して出ていることは，すでに述べている通りである。このことは，近代家族にたいして批判的立場にあるその他の家族論にも該当することであるが，近代社会，近代化，近代家族という概念を現実的なあり方と同じ意味とするという前提のもとに〈近代批判〉をするところに，発想としての最大の問題点がある。日本社会に限定してこのことをもう少し具体的に考えてみよう。

　封建社会を打ち破って出現した近代社会，半封建的な家父長的家族としての「家」制度の否定の上に成立した近代家族は，現実的にはいろいろな可能性を

秘めた社会であり家族であった。その可能性が戦後50余年でどのようなかたちで現実化したか，あるいはあまり現実化しなかったかについては，すでに見てきた通りである。いろいろな可能性のうちの1つとしての現実的姿である〈現代日本の家族〉のあり方への疑問や批判は，問題の立て方によって理論的にも思想的にも実践的にも異なる方向に展開するのである。フェミニズムにせよ女性学にせよ，いやほとんどの女性論は女性にたいする社会的差別の解消を意図する性格のものであるが，その論理的帰結あるいは実践的結果は論者の主観的意図とはかならずしも一致するとはかぎらず，時には反対の帰結，結果をもたらすこともしばしばある。したがって，ここで問題点とするのはそのような意味においてであるが，フェミニズムについては，江原が提起している6つの論点すべてではなく2つにしぼって指摘したい。

　1つは，〈近代―反近代〉という問題の立て方への疑問である。ここでは，「近代化論」を本格的に展開しないが，近代にたいして反近代あるいはポストモダンという言葉を対置することは，論理的には近代あるいは変化としての近代化の全面否定を意味する。民主主義という視点からは，近代あるいは近代化は正の面と負の面の両方をそなえてスタートしたのであり，戦後日本の家族にかぎって言えば，〈近代家族〉の負の面（したがって〈近代家族〉パラダイムも）が露になるという社会的現実が進展しているのである。反近代，ポストモダンという批判の立て方は近代の正の面をも否定するという「産湯と一緒に赤ん坊をも流す」ことを意味する。したがって，女性差別あるいは女性の不当な負担が現象論にとどまることになり，論理的には展望が願望にすぎなくなるのではないだろうか。近代の負の面としての女性差別を根源的に問うとともにその思想を社会的市民権の獲得にまで高めたフェミニズムではあるが，にもかかわらず，ごく少数の例を除いては民主主義という言葉あるいはメルクマールがほとんど使われていないという弱点を指摘することができる。近代，近代家族の評価を〈民主―非民主〉という立て方による方向で理論的・実践的に追求することが，近代の正の面をも射程に入れた見方として，フェミニズムが提起した課題に答える方向である。

もう1つは，市場と家族，そして同じことの別の表現であるが階級支配と性支配を異なる次元として問題を立てていることへの疑問である。階級支配だけでは女性の差別的状態の解明にとって不充分であるという指摘をしたことはいわゆる「マルクス主義フェミニズム」の功績であるが，論理的にも現実的にも両者は相互に浸潤し合っているのであって，両者の関係がどうであるかという課題として受けとめる必要がある。これに答える方向は家族論の範囲をはるかに越えており，これまで支配的であった「マルクス主義」社会科学の組み替えを必要とするものである，とだけ言っておこう。[9]

　女性学への疑問あるいは問題提起として，社会生活の全分野にわたって述べるわけにはいかないので，女性学の主張にもとづいて女性学がどのような迫り方をしているかについて，社会科学の重要な分野である経済学の対象領域である雇用労働を例として考えてみようと思う。女性学のもっとも「ラディカル」と思われる主張の根幹は，これまでの人文・社会諸科学は男性による男性のための男性社会の発想によるものであり，これにたいして女性の視点からのそのような諸科学の組み替えが女性学の性格であると理解してよいであろう。では本当に組み替えの方向が出ているのであろうか。女性学の主張（のすべてではないが）にもとづくならば，あらゆる社会科学が原理的な理論から組み替える方向で追求される必要があることを意味することになる。雇用労働を例にするならば，経済学における賃金論の組み替えが1つの方向として考えられるのではないだろうか。詳しく展開する余裕はないが，女性労働の差別的現実（それはその通りであるが）を検討するだけでは組み替えとしては不充分であって（女性論の域を出ていない），男性の賃金のあり方も含めた組み替えが必要であろう。したがって，先に挙げた体系化志向の性格としての女性学にたいしては，原理論なしで諸科学における女性にかかわる部分の寄せ集めで女性学の体系化が果たして可能なのか，その構成において科学の性格によって対置の仕方に一貫性が欠けているのではないかという2つの疑問を提起したい。問題の所在は，男性を主とした社会諸科学の性格にあるのではなくて，そこにはとりわけ〈人間みな平等〉という民主主義的思惟が貫かれていないところにあるとい

うのが，私の基本的な見方である[10]。

　女性学が女性の差別的現実を露にしたという点はフェミニズムと同様に意義があるが，例えば篠崎正美の場合に見られるように，男性も含めた人間の生き方への問いと追求ということをはっきりと打ち出したことは民主主義のもう1つのメルクマールである〈人間が歴史・社会をつくる〉という諸個人の主体性の重視という意義があり，その方向をさらに具体化する必要があるという課題提起として受けとめなければならない性格のものである。これとのかかわりで，女性学の最大の功績は教育実践とりわけ大学教育のカリキュラムへの導入の主張と具体的追求である。このことは，主体性の形成として大きな意義をもつものであるが，これに加えて高校以下の教育現場にどのようなかたちで導入するかという課題提起（論者たちはほとんど触れていない）という意味をもつことをも確認しておかなければならない。

## 2　評論的家族論の課題提起

### ▼代表的見解について

　評論的家族論には2種類あり，1つは，マスコミなどを賑わしているものを思い浮かべればよいのだが，ちょっとした「有識者」やときにはテレビタレント・タレント化した有識者が，思いつきにも似たかたちで論じるものであり，もう1つは，なんらかの思想にもとづいて首尾一貫して論じるものである。前者については勝手に言わせておく方がよいであろう。ただし，人々の意識への影響力がきわめて大きいので時にはきちんとした批判が必要である。後者については「思想として」論じられているものと何らかの思想が背後にあって現実を告発的に論じているものとがあるが，どのような論点が出されているかにしぼって考えてみる必要がある。というのは，現代家族論の焦点としてはきわめて大事な意味をもっているにもかかわらず，家族社会学では充分に検討されたり，そこで提起されている課題に応えていこうとする姿勢が乏しいきらいがあるからである。代表的なものについては第3章ですでに挙げてあるので若干

重複するが，課題を鮮明にする意味で整理しよう。

まず，小浜逸郎は家族についての編著書をいくつか公にしており，家族論について意味のあると思われる見方を示している。ここでは共編著『家族の時代』(五月社　1985年)のなかの論考「戦後家族史」(上・下)と『可能性としての家族』(大和書房　1988年)の2つにしぼって取り上げることにしたい。前者では家族の変化についての具体的な資料とマスコミで大きく取り上げられた「事実」についての解読というかたちで家族の戦後史が論じられている。家族への注目，「核家族の処女喪失」，男女の意識のズレ，そして結論的に「いわば家族は当分の間，他のどんな社会的形態にも託すことの不可能な自らの不安をかかえこみつつ，性的葛藤の場としての自己自身とのたたかいをくりひろげるほかはない[12]」とされている。後者では，「世上，家族論と称するもののほとんどは，家族を社会構成の単位として学問的に対象化して，その静態や動向を没主体的に記述したものか，そうでなければ，歴史的視野をろくにもたない一時しのぎ的な景気づけのたぐいである[13]」と述べているところに家族論への姿勢が鮮明に出ている。家族をエロス的共同体とする思想的立場(したがって，そこには明確な人間観・社会観がある)から家族の現実と家族にかかわる意識・病理の現実について論及されているが，私見では，家族論の展開にあたっては「純粋な」あるいは「単純な」家族とは何かをはっきりさせる必要性があるという課題として受けとめることが大事であると思われる。

次に，芹沢俊介『漂流へ　芹沢俊介家族論集』(春秋社　1987年)は1980年代に入って書かれたものが収められている。ここでも核心は〈エロスの衰弱〉である。「思想としての家族」については小浜と共有するものがみとめられるが，男と女の意識のズレ，女性の解放の意味，生活の再生産などの見解は家族論としての家族社会学への課題提起と言えるが，とりわけ最近の家族的結合におけるエロスの水準の高度化への要求という主張に注目する必要があろう。

現実告発の仕方によるものとして，小此木啓吾『家庭のない家族の時代』(ABC出版　1983年)は，現代日本の家族の問題状況について家族関係に認められる特質に注目して家族と家庭を区別する視角から論じたものである。典型

的な具体例としては，家族構成員が食事時間も含めて生活時間のあり方がバラバラであり，うちに帰れば気楽に休めるとそれぞれが思っていてお互いに無関心・無干渉といった〈ホテル家族〉，「家庭とは，家族たちがそれぞれの演技を競う劇場である。この家族はお互いに家族同士が演技者であって，家族の拍手喝采を浴びようと一生懸命になっている[14]」といった〈劇場家族〉などが挙げられている。それらは一見幸せそうであるが，崩壊の道をたどっているのではないかとされており，家族というよりは人間観をどうするかという課題が提起されていると言えよう。そこには，家族危機の見方としての「潜在的家庭崩壊」や「問題状況」と同質の見方，したがってそのような状況にいかに対応するかという課題提起がみとめられる。四方洋『離婚の構図』（毎日新聞社　1984年）は，統計的資料・実態調査・意識調査などで離婚の増加や変化がさかんに言われている状況のもとで，いろいろな事例によって論じており，離婚の様相の変化と現象的多様化ということが実感させられる性格のものである。そのような論考の帰結として男の自立への注目を主張していることが特徴と言えよう。

　最後に，ますのきよし『〈家族〉ってなんだろう』（現代書館　1981年）を取り上げるのは，家族論としての家族社会学では当然の前提とされているか，あるいは意識もされていないことについて論じているからである。彼の論考のポイントは，家族はどこからきたか，そしてどこへいくのかということを，子育てを軸にして展開していることにある。私自身も主張してきていることではあるが，動物との対比も含めて人類史的視野で論じていると同時に体験的日常生活にも着目していることが大きな特徴である。

▼課題提起をどう受け止めるか

　評論的家族論の意義はその課題提起，とりわけすぐれた評論家がそうであるが，未来先取りの感覚による課題提起である。上に取り挙げたものが書かれてからは10年以上が経過しているが，トレンディ志向あるいは時事的論述が数年ほどで忘れ去られるのにたいして，こんにちだけでなくさらには21世紀にも論点としては存続し続けるであろう。したがって，その課題提起はそのような意

味として整理することにしたい。

　第一には，家族とは何かということを根本的に問い直してみるという課題である。この場合，いわゆる家族の定義だけではなく，家族にかかわる諸関係についてもそれが何であるかもあわせて問い直すことを意味するが，とりわけ大事なのは問い直し方であることを強調したい。少なくとも次の３つについての根本的な問い直しが必要である。１つは，人間にとって家族とは何であるか，あるいは家族の結びつきとは何であるかという本質についての問い直しであり，しばしば出てくるキーワードの１つとされているエロスとのかかわりで根源的に問い直すことがとりわけ重要である。次には，家族機能についての問い直しである。家族機能の外部化は確かに進展しており，活動としての家族機能そして部分的には経済的機能も外部化しているが，家族が存続するかぎりはすべての機能が外部化しない。とりわけ子どもの生育と老人への機能をどのように考えるか，そしてまた人間生活にとって重要な「関係」そのものを創っていくことについてはどうであろうか。これらの意味を家族機能と結びつけて問い直す必要がある。この２つに加えて，家族関係についての問い直しの意義も大事な課題である。一方ではいわゆる個人化が進展し，近代の正の面である自由と自立が前進している（あるいは求められている）なかにあって，他方では時には束縛とも感じられたり，逃げたいとも思われる家族関係が内に宿している矛盾についてどのように考えるかが課題として提起されている。これらの３つの問い直しにおいて大事なことは，それらを別々に問い直すのではなくて，相互に結びつけて問い直すことである。

　第二には，家族のあり方について同じように問い直すという課題が提起されている。この場合は家族関係の具体的あり方の問い直しを意味するが，とりわけ重要なのは人間の主体的営みとして問い直すことである。これは，私の一貫した見方である民主主義との関連で家族の未来についてどのように考えるかということを意味する。具体的にイメージを浮かべてみよう。家族など要らないという気持ちが一方でありながらも，家族がない生活もあまり考えられずに家族にしがみついている。そのような曖昧な矛盾した意識によって家族生活が営

まれているところに「家族の危機」がみとめられるのではないだろうか。家族をめぐるこのような意識状況の認識は、先に挙げた諸見解にほぼ共通した認識である。そのような家族の現実（特に意識状況）にたいしては、家族のあり方を新たに創るという方向で主体的に何かをする以外にどんな方法があるだろうか。しかもそれはひとりで何かをするのではなくて、協同で新たな共同関係を模索して創っていくことを意味する。したがって、第一の課題が家族の認識論的課題であるとするならば、この課題は認識だけにとどまらず、どのように実践するかという性格のものであり、「家族の危機」の実践的突破口をどこに見いだすかという現実的課題に直結していると言えよう。

　第三には、家族問題をどのように考えるかということである。いろいろな問題現象についての告発的指摘については他の章での指摘も含めてすでに見てきているが、それらはいわゆる学術的調査では充分には見えてこないような問題現象である。大事なことは、そのようなまぎれもない事実を「思想として」どのように受けとめるかということである。これは、第一の課題と結びつけて解明が迫られている課題であり、「全体としての家族生活」の今後の方向にかかわる課題でもある。

　第四には、男性、女性、子ども、老人、障害者などの日常性と社会（の意図）との矛盾、あるいはそのような矛盾を産出し続ける社会のあり方の問題性について歴史的・具体的にどのように迫るかという課題を挙げることができる。この点については、一般的には鋭い指摘であっても、とりわけ社会のあり方にたいして具体的に迫っていないところに、評論的家族論の不充分性があり、事実をもっとも重視する性格の家族社会学の家族論にこそ具体的に取り組むことが要請されている重要な課題である。

## 3　家族政策をめぐって考える

　先に家族政策について触れた時には、さしあたり、「家族のあり方を方向づける政策」という程度の理解でよいであろうと述べたのであるが、ここではこ

れまでの諸見解に学びながら,家族政策についてどのように考えるかを試論的に示してみようと思う。

家族政策が家族政策そのものとして論じられるようになったのは1970年代後半頃からであり,このことは日本での新たな家族政策が具体的に打ち出されはじめる時期とほぼ照応している。戦後復興期の家族政策は,「家」制度の廃止だけと言ってもそれほど言い過ぎではない。なぜならば,そこにはかつての「家」制度のもとでの家族とは違った家族のあり方がはっきりと打ち出されているからである。その後,高度経済成長の終焉までは,家族生活にかかわる政策あるいは影響の強い政策が打ち出されてはいるが,それらの諸政策は経済的貧困にたいする社会保障政策・社会福祉政策あるいは労働政策という性格のものである。国家政策において家族生活がかなり射程に入りはじめた1967年の『経済社会発展計画』もまだ地域政策の性格に傾斜しているものであった。家族政策が新しい家族政策としてはっきり打ち出されるのが1979年の『家庭基盤の充実に関する対策要綱』であることは,第2章で指摘した通りである。そこには家族のあり方が,「家」制度の廃止以降はじめて鮮明に打ち出されていると思われるからである。

さて,家族政策を基本的にはどのように見るかという諸見解もその時期に出てきている。これについては,1982年に中川順子が整理しており,その後根本的に異なる新たな見解が出ていないので,主にそれに依拠して考えてみることにしよう。[15] 家族政策についての見解をもっとも鮮明に示しているのは利谷信義であり,彼は次のように規定している。

「家族政策とは,国家権力の担い手である支配階級の政治的,経済的支配に適合的な家族とその秩序を維持,発展させるための政策の総体である」[16]

また,山手茂によれば,家族を対象とし家族福祉を目的とする社会的政策は家族政策と呼ばれているが,家族政策には既存の社会体制・社会秩序を維持・強化する立場つまり支配階級の立場と新しい社会体制・社会構造の再編成を目指す立場つまり被支配階級の立場があるとされている。

このような見解にたいして,中川順子は国家政策としての利谷見解にほぼ同

意しながらも，日本の場合には，「特殊日本的条件として就職から定年まで企業が勤労者の生活を丸がかえする『企業内福祉』が存在」すること，および「自治体政策のあり方が労働力の再生産にとってきわめて重要な意義をもつ」ことを指摘する。そして結論的には，「家族政策をとらえる場合には，国家政策それ自体と同時に，それを補完する『企業内福祉』，自治体政策を総合的に視野に入れる必要があるといえよう」[17)]と述べている。

　これに加えて，やや異質のものとして森岡清美の見解をも示しておこう。森岡によれば，家族政策とは，「家族生活の安定と福祉を目的とした家族に関する諸施策の総体」[18)]であるとされており，社会的次元における条件整備がこれからの課題であると主張されている。

　このように見ていくと，家族政策についてどのように考えるかということは，とりわけ理論的には日本ではかならずしもはっきりしていないように思われる。家族政策をめぐっては，私自身はこれまでに若干は述べたことがあるが，家族政策にたいする基本的見方・考え方についてきちんと述べたことがないので，上で挙げた家族政策についての諸見解にも学びながら，ここでは家族政策を捉えるにあたっての理論的なアウトラインあるいは青写真程度のものを示してみたいと思う。

　そこでまず，上に挙げた諸見解についてはそれぞれをどのように理解するかについて，まず示すことにしよう。利谷の支配に適合的な家族とその秩序の維持・強化，山手の基本的対立という示唆，中川の総合的見方などは家族政策について考えるにあたってはそれぞれ取り入れられる必要があると思われる。また，森岡の条件整備という見解もまたどのように取り入れるか考える必要があろう。しかし，この場合大事なことはそれらの取り入れ方である。利谷と森岡の見解は家族政策とは何かということを示しているのにたいして，山手は現実の家族政策がどのような性格のものとして捉える必要があるかを示している。それらをまとめるかたちで示した中川の場合は現実の家族政策への迫り方について述べているものとして性格づけられる。つまり，諸見解それぞれの思考レベル（あるいは理論的次元）が異なることを意味する。家族政策を考えるにあ

たって必要な諸要素であっても，それらを並列的に挙げるのではないかたちが必要である。そこで，家族政策について具体的に考えるにあたっては，少なくともこのようなかたちの整理が必要であることを試論的に提示したい。

第一には，家族政策とは何かということについては，何らかの家族像の想定にもとづいて，そのような家族のあり方を目指しての制度と社会的条件を追求するのが家族政策であるとさしあたり規定しておこう。第二には，家族政策の具体的展開をその歴史的推移を含めておさえるということであり，それぞれの時期にいかなる家族像が想定されているかを，家族と社会との関連にもとづいて確認することである。日本における家族政策が本格化するのが80年代にはいってからであるとするのは，この意味において「老親扶養三世代家族」という家族像が想定されていることによる。家族政策の具体的展開については，「家」制度の廃止では夫婦家族が想定されており，高度経済成長期には夫婦家族の想定が自然成長的に現実的進展をみせていたので，明確な家族政策を必要としなかったのである。その場合には，いわゆる「生活の社会化」の進展にともなって多くの機能集団（＝アソシエーション）が簇生してくることは家族政策そのものではないが，国家政策におけるその活用があずかっていることに留意する必要がある。そして「ポスト成長期」には，家族政策の遂行に必要な積極的活用あるいは新たな集団の創出までが試みられることになる[19]。第三には，その具体的確認にもとづいて，それがいかなる国家政策としての意味があるかということを明らかにすることである。そしてそれら3つをめぐる現実にたいして，家族政策の具体的あり方とその実現の道筋を探ることである。

最後に現代家族論として家族政策を論じる方向について提起しておこう。その場合，基本となるのは家族の現実である。すでにしばしば触れているように，家族生活における画一化と多様化の同時進行は国民の描く家族像のタイプが一様ではないことの1つの現れであると考えられる。したがって，家族政策の方向はなにか特定の家族像の想定にもとづくものではなく，自由な家族形成という想定にもとづく家族政策の方向，つまり自由な家族形成の条件づくりを2つの面から考える必要がある。具体的条件の詳細は終章にゆずることにして，こ

こでは，国家政策としての条件整備とは，自由な家族形成の障害を取り除くことであり，もう1つは，自由な家族形成にたいして可能な物質的保障を施すことであるという指摘にとどめる。自由な家族形成を前提とするならば，2つのことはすでにしばしば言われている。大事なことは，それをどのように具体化するかというプロセスの提示であることをつけ加えておこう。

　ここでは現代日本の家族政策と上に挙げた考え方や具体的現実について全面的に展開するものではないし，またその準備もないので，この論考で一貫している民主主義にもとづく家族論として若干の提起をしたにすぎず，その具体的展開は今後の課題としたい。

**註**
1）エコロジカル・フェミニズムとしては青木やよい『共生時代のフェミニズム』（オリジン出版センター　1994年）などがあり，また山下悦子『日本女性解放思想の起源』（海鳴社　1988年）ではポスト・フェミニズムという見方が打ち出されており，浅野富美枝『生きる場からの女性論』（青木書店　1995年）ではフェミニズムの新たな発展が目指されているなど，応接に暇のないほどである。しかも，大同小異のうちの「小異」が論議の焦点になることが往々にしてあるので，「外部の者」としては不充分・不公平のそしりを甘んじて受けることにして絞り込むことにした。
2）江原由美子編『フェミニズム論争　70年代から90年代へ』（勁草書房　1990年）3ページ
3）同上書　21ページ　このような現実認識がフェミニズムの特徴の1つであり，思想にもとづく一面的現実認識という問題点を指摘することができるであろう。つまり，女性の職場進出が具体的にはいくつかのパターンがあり，真に職場進出と言えるものがせいぜい1割強である現実をきちんと認識しないならば，きわめて単純な現実認識になる。
4）同上書　31ページ　この見方には賛成である。ただし，どちらに重点を置く営みであっても，他方を常に意識する，場合によってはかかわるという姿勢が大事である。
5）上野千鶴子『家父長制と資本制　マルクス主義フェミニズムの地平』（岩波書店　1990年）87ページ
6）大学でのカリキュラムに女性学が導入されること自体は望ましいことではあるが，女性論ではなくて社会科学としての女性学を講義できる人材は現在はきわめて少ない。女性学が外国に源をもつためか，女性の英語教員が文献として接

する場合が多いこともあって,「社会科学の大学教員」としての素養（あるいは訓練）がないままに講義されているという意味である。

7) 山口真・山手茂共編『女性学概論』（亜紀書房　1987年）11ページ
8) 小松満貴子『私の「女性学」講義』（ミネルヴァ書房　1993年）4ページ
9) この組み替えをめぐっては，私自身は時々は示唆しているのであるが，例えば〈社会学原理〉とでもいったかたちできちんと提示するにはまだ至っていない。その出発点としては，これまで支配的であった「物質的生産」にたいして「物質的生活の生産」とすること，および「物質」概念を純哲学的にではなく社会学的概念として措定することであり，拙著『家族と家庭』では社会学全般ではなく家族に限定して試みている。
10) 民主主義にもとづくならば，女性にたいする社会的差別は歴史的にはかたちを変えながら社会生活のすべての分野にみとめられる。したがって，すべての人文・社会科学において民主主義が徹底して貫かれるならば，体系志向の女性学が主張する分野は当然組み込まれることになる。例えば拙著『家族の社会学』（ミネルヴァ書房　1976年）では，学問的未熟さによる不充分性はあっても，組み込まれているはずである。
11) 具体的に取り上げた2つのほかには，『方法としての子ども』『男が裁くアグネス論争』『男はどこにいるか』などがある。
12) 小浜逸郎『可能性としての家族』（大和書房　1988年）
13) 同上書　308ページ
14) 小此木啓吾『家庭のない家族の時代』（ABC出版　1983年）
15) 中川順子「戦後における家族政策の展開」布施晶子・玉水俊哲編『現代の家族』（青木書店　1982年）
16) 利谷信義「戦後家族政策と家族法―形成過程と特質」福島正夫編『家族―政策と法』（東京大学出版会　1975年）53ページ
17) 中川順子　前掲書　242ページ
18) 森岡清美・望月嵩共著『新しい家族社会学』（培風館　1983年）58ページ
19) ここで集団＝アソシエーションの国家による活用ということを出したのは，私の「集団分化」という生活の把握，および〈家族―市民社会（その内実としての各種集団）―国家〉の関係を民主主義における対抗関係による理論化の方向という思惟が働いている。

## 終　章　　現代家族生活の展望

　戦後50年の家族生活の変化を全体として跡づけるとともに，それに対応するいろいろな家族論そして意味のある論点を提起している家族論について検討してきたが，すでに触れているように，1990年前後から新たな家族論の動向が現れている。この論考自体もそうであるが，戦後50年というかたちでの総括あるいは見直しがいろいろな分野で試みられていること，それと同時にすでに若干は指摘しているが，日本社会に大きな転換の兆しがあるという社会的現実が新たな動向として現れていると思われる。しかし，先にも指摘したように，1990年代に入っても家族論の多様化はとどまるところを知らないようである。マスコミのあり方に典型的に見られるように，最近の論調はトレンディ志向が相対的に多いのである。これは何も社会学にかぎったことではないのだが，俗流社会学ではフィーリングとセンスだけで何かが言えるのであり，それを「よくわかる社会学」といったような表現で「新鮮味」を打ち出して，既成観念にとらわれない現代的社会学であるという論調が多い。社会学に関心をもたせるという宣伝としては意味がないわけではないが，それはこれまで日本で主流を占めていた社会学の衒学性と貧しさを示すものではないだろうか。家族社会学の多くもそのような性格をかなりもっているようであり，しかも個人のプライバシーに属する生活領域そのものを対象としているので，アンケートその他の実態調査をしても論証がむずかしいのである。だから，学会の調査報告では１つの分科会で反対の結論が出る報告がならぶ場合すらあり，家族についてほど「自由な自己主張」ができる分野はあまりないとも言えよう。ここで言う「自由な自己主張」とは，フェアな相互批判とは無縁な，これまでの知的遺産を無視した，きわめて部分的な事実だけを見た勝手な自己主張を意味する。新しいと思われる事実が次々に現れている現在，その部分だけを取り上げるならばいくらでも「新鮮味」を出すことが比較的楽にできるのである。

いろいろな意味で家族のあり方，家族の行方が問われている現在，家族の最近の特徴や若干のトレンドの指摘，あるいはきわめて限られた事実だけから家族についての一般論であるかのように論じることは，現段階では不充分であるかあるいは家族論にさらに混迷を加えるに過ぎないことは，これまで述べてきたことによって明らかであろうと思われる。以前からもそうであったが，マスコミの論調はおおむねそのような性格であり，とりわけテレビについては，視聴率という得体の知れぬものに支配されているためであろうか，興味をかりたてるという意味では仕方がないのかもしれないが，専門家にとってはそのような興味本位とトレンディ志向に走らないことが今ほど求められている時はないであろう。「不易流行」という古い言葉があるが，「流行」はアップトゥデートなものとして軽視してはいけないが，「不易」にもとづいた「流行」の追求が肝要であることを強調したい。

そこで最後に，ある程度まとまって論じられている家族論の新たな動向の特徴についてまとめの意味もこめて追加的に取り上げることにしたい。ますます多くなっている家族論のなかから，戦後50年を射程におさめていると思われるものおよびプリンシプルがはっきりしていると思われるものにしぼって検討する。そして，それとの関連で家族の現在をトータルに捉え，家族の行方をめぐってどのように考えるかということについて私なりの具体的な方策を含めて若干言及することによって，今後の理論的課題（あるいは思想的方向）を示すと同時に，きちんとした理論および思想が要請されていることで結ぼうと思う。

## 1　現代家族論をどう解読するか

▼「全体としての家族」を捉える動向

それぞれの時期（最近ではここ10数年ばかり）に応じた諸研究や諸見解についてはすでに述べたが，この論考自体がそうであるように，戦後50年を再整理して捉え直す試みが目立っていること，およびこれまでになかった新たなプリンシプルの樹立の試みが現れていることを，ごく最近の目立った研究動向とし

て指摘することができる。その場合問われるのは，前者においては，戦後50年をどのように見るかということはむろん大事であるが，その見方から導き出される家族生活の問題性と家族の行方である。後者については，どれだけの現実が背後にあるかということ，および前者と同様に家族の行方との結びつきである。そこで，代表的な見解についてこの点にしぼってまず整理して検討し，最後に私自身の見方とそれにもとづく思想的，理論的，実践的な家族論の方向を提起したい。

①『家族社会学研究』から[1]

1989年の創刊号から3年間にわたって〈いま家族に何がおこっているか〉について，いろいろな角度から特集として論じられている。「全体としての家族」をまとめて論じている動向を検討するに先だって，これまで述べてきたこととの橋渡しの意味で，特徴的な諸論考について考えてみることからはじめよう。

創刊号では，野々山久也が「家族多様化説」を提唱するとともに，家族の変化を説明するものとしての「産業化」という視角には限界があり，「高齢化」が必要であることを主張している。と同時に単純な家族危機論ではなく家族変動論こそが必要であるとしている。彼の問題提起は，いわゆる核家族論と産業化を軸とした家族の分析方法への批判として性格づけられるものであり，家族社会学にふさわしく，家族をめぐる具体的事実に依拠して論じていることに特徴がある。

第2号での袖井孝子の問題提起については，家族の変化の方向が複線的であること，主流からはずれた家族が逸脱ではなく「変体」であること，産業化社会での核家族の適合性の終焉，工業社会の終焉により社会科学全体にパラダイム転換が迫られていること，画一化のなかの多様化，家族社会学の危機，欧米の理論に依拠することの有効性への疑義などが前号の野々山の提起をも受けながら出されている。

第3号での篠崎正美の問題提起は家族の個人化と多様化をめぐっての問題提起，背後仮説としての価値観・人間観の洗い直しの必要性などの提起がなされ，「自立的で選択可能な個人化とその結果としての多様性が尊重されるための社

会装置・政策に今後ますます家族社会学者は関心をもつべきであろう」と結ばれている。[2)]

　それらに共通しているのは，〈近代家族〉パラダイムへの疑問・批判，そして新たな現実にたいする一定の認識にもとづく「新たな課題」の提起である。私は，そのような見方そのものにはいささかも異を唱えるつもりはなく，むしろすべて重要な提起であると受け止めている。しかし，そこで提起されている課題を，これまでの家族論の流れや家族論の焦点にかかわらせて考えると，異なる問題点が出てくると考えている。例えば，野々山の主張を一言で言えば，家族多様化の現実はいわゆる核家族論では見えてこないというこれまでの核家族論批判が骨子になっている。家族多様化論の是非はともかくとして，変化を続ける家族の現実を根拠とする核家族論批判は，20年以上も前から継続してなされている。いま問われているのは，核家族論批判をすることによって課題提起をすることではなくて，なぜ課題提起だけが繰り返しなされているのか，そこから抜け出して新たな方向をどこに求めるかを具体的に提示することである。

　袖井の「家族社会学の危機」認識も篠崎の「個人化と多様化」についての指摘についても異を唱えるつもりはないが，やはり予測とそのような認識の重要性の指摘という域を大きくは越えていない。つまり，家族生活の変化の特徴の指摘とそれをめぐる問題性の重要性の指摘は，それぞれの時期の現実の変化と問題性の具体的な指摘としては当然異なるが，論じ方は20年間繰り返されているのである。そこをクリアしないところに袖井の言う「家族社会学の危機」があるのではないだろうか。しかし，上に指摘したことは，三者の問題提起そのものにたいする批判という意味ではない。これらの問題提起は全国から集った家族社会学者の「研究集会」=「家族社会学セミナー」の論議のためになされたものであり，したがって，そのような問題提起をせざるを得ないという家族社会学界の学問状況こそが問題であるという意味であることを強調したい。そこで，90年代にはいってからの「全体としての家族生活」を捉える試みについてはどうであるかを検討してみることにしよう。

② 戦後50年の見方から

　この動向については，90年代に入ってからの主な文献として戦後50年が視野にあると思われるものの代表的なものを挙げると，布施晶子『結婚と家族』（岩波書店　1993年），有地亨『家族は変わったか』（有斐閣　1993年），落合恵美子『21世紀家族へ』（有斐閣　1994年），山田昌弘『近代家族のゆくえ——家族と愛情のパラドックス——』（新曜社　1994年），大竹秀男『現代の家族—人間性回復の拠点』（弘文堂　1994年），渡辺洋三『日本社会と家族』（労働旬報社　1994年）などがある。これらについての内容の詳細な検討は省いて（それぞれの見方から戦後50年の現実が捉えられているので），現代日本の家族および家族論にとって論点あるいは課題となるものにかぎって述べることにしたい。

　布施晶子の場合は，高齢化，女性，貧困，家族の存在意義が重要な内容であることを指摘することができる。それらをめぐる現実的諸問題とそれに対応する人々の動きについての考察を通して，自由で平等な人間的な家族＝「愛の生活共同体」の追求が布施の最終的主張であると言えよう。

　有地亨の場合は，理想の家族は具体的にはない，つまり個人の考えに委ねるということであるが，家族にとっては子育てがそれに代わるものがないという意味で最重視されている。と同時に憩いの場としての家族という考え方にもとづいて，そのような家族を可能にする条件としてのネットワークづくりの提起がなされているのが特徴と言えよう。

　落合恵美子は，家族の戦後体制を女性の主婦化，再生産平等主義，人口学的異動期の３点に整理して捉えることを通して，「神話化」されている家族生活の変化動向・現在の特徴についての「常識」を事実にもとづいて覆すことによって，トレンディ志向の家族解体論や家族危機論を的確に批判しているが，その場合歴史人口学（とりわけアリエス）の成果を導入していることが特徴となっている。

　山田昌弘の『近代家族のゆくえ』は独自の見方から家族の行方について論じたものとして，その意義についてはぜひとも考えてみる必要があるが，彼の家族論の全体を簡潔に示すことはいささかむずかしいので，副題にしたがって

〈愛情〉のみにしぼることにしたい。基本的には「近代家族」が本質的に宿している問題性の指摘，および〈近代家族〉パラダイムにたいする批判が愛情とパラドックスをキーコンセプトとして展開されている。その展開においては，ほとんど意識もされていない「常識」がいかに誤りであり，しかも家族生活を損なっているかを明らかにするかたちでの新たな家族論の試みと言えよう。近代家族の特徴とされているものが「近代社会」が想定した家族（の理念型）であるという見方に示されているように，家族と社会との関係を射程に入れた家族論の1つの方向を意味する。結論としては，国家と家族との関係の見直しがパラドックスの論理で提起されている。

大竹秀男の『現代の家族——人間性回復の拠点——』によれば，最近の日本の家族がきわめて流動的様相にあるという見方をしつつも，家族の存在意義は副題にあるようにはっきりしているとされている。家族生活をほぼ全面的にフォローした上で，大竹は，具体的な家族問題，家族の混迷状況，家族関係，高齢化問題について論考し，人間性豊かな家族の追求とそのような家族の実現に向けての社会的連帯を説いている。

渡辺洋三は彼の民主主義論の一環（一巻）としての『日本社会と家族』で，既発表の家族についての諸論考をまとめている。女性の社会的位置と高齢化が現在の主要な問題として位置づけられているのが特徴であり，この2つとの関連でこれからの家族政策こそが重要であるとして，その方向が提起されている。

最後に，森岡清美監修『家族社会学の展開』（培風館　1993年）について指摘しておこう。多数の執筆者によるもので，これまでの家族社会学の分野をほぼ網羅した内容のものであり，そのすべてにわたって示すことにはあまり意味がないので[6]，ここでは，理論あるいは方法をも含めて，外国とりわけアメリカの理論の直輸入から脱する方向が目指されており，このことはこれまでにはあまりなかった特徴であるという指摘にとどめておこう。このような方向は，日本の家族を捉えるにあたっての独自な追究の方向が出てきているという意味で，注目する必要がある。

### ③ どう解読するかの指摘

 以上,簡単に示した家族論の新たな試みは,遅きに失した感もないわけではないが,現代日本の家族の「問題状況」という現実を考えるならば,やはり家族問題の「成熟」が新たな家族論が出てくる現実的条件なのであろうと思われるのである。人間とは問題がのっぴきならぬところまでこないと,あまり本気に取り組もうとしない愚かさがあるようだ。それはともあれ,それらの新たな動向に共通に認められることは,現代家族の問題性,およびその性格づけにもとづいて家族の行方について課題提起も含めて論じられていることである。ここでは,それらの諸見解それぞれについて個別的に検討することは煩雑であるとともに,批判的検討が批判のための批判になるおそれがあるので,簡単な指摘にとどめたいと思う。というのは,第4章,第5章で「焦点」として取り上げたこと,そして新たな動向の整理そのものが私の解読になっているとも言えるからである。

 そこで,それらの動向の解読として基本的なポイントを2つの点から指摘するにとどめるが,以降の論考が解読を受けた展開の位置を占めていることになるであろう。1つは,家族社会学内部での新たな課題提起にたいする対応という点からであり,どちらかと言えば家族理論という性格が強く,家族の現在をどう見るかということが軸になる。もう1つは,言うまでもなく民主主義という点からであり,思想としての家族という性格が強く,家族の行方についてどう考えるかということが軸になる。[7]

### ▼家族の現在とは

 家族の現在を簡潔に示すことはむずかしい。これまでに述べたことによっておおよそわかるように,家族生活における多様化と画一化が同時に進行しており,多様化そのものがいろいろな差異性をもともなっている。しかも,人々の状態と活動に結びつく意識もまたそうであるので,そのような状態を簡単に特徴づけることは,新たにトレンディなものを加えるにすぎないであろう。したがって,すでに述べたような民主主義という価値選択にもとづいて家族の本質

を確認し，そこから家族の現在を照らすという仕方で家族の現在を考えることにしたい。その場合に，これまでに検討した諸見解とどのようにきりむすぶかということもまた問われることになる。

① 家族の本質と現実的意味

「家族とは何か」ということについては，これまでは明言しなかったのであるが，この論考も終わりに近づいてきたので，現代日本家族論としての最終的な自己主張をするにあたって，私自身の定義を示しながら家族の本質を確認しようと思う。

「家族とは，血縁または婚姻などのエロス的契機と生活での共存によって結ばれ，その結びつきが社会的に承認されている人々によって構成され，客観的には社会の必要性にたいして主観的には構成員の必要性に応じて，生産主体としての人間の生産にかかわる人間的諸活動が意識的かつ無意識的に行われる人間生活の日常的単位であって，程度の差はあれエロス的関係という意識がそこでの人間関係を特徴づけている」

これが私のもっとも新しい家族の定義である。家族論ではかならずしも一般的ではない言葉（生産主体，人間的諸活動など）があるとともに私独自の考え方が含まれているが，ここでは本質的な点にのみ触れておく。家族の本質とは，〈人間の生産に全面的にかかわること〉＝人間の生産そのものであり，〈生活での共存〉＝生活の単位という結合なのである。家族構成・家族関係・家族機能などの実際の具体的なあり方は社会的諸条件および家族員の意識的条件によるのである[8]。

この見方から家族の過去・現在・未来を考えるというのが，私の家族論の核となっていることは，現代日本の家族生活の変化の捉え方に示されているはずである。したがって，家族生活の変化とは，日本社会のあり方（＝社会的条件）と日本人のあり方（＝意識的条件）の変化に条件づけられることによる人間の生産へのかかわり方の変化であるとともに生活の共存における結合のあり方の変化にほかならない。典型的な具体例を示しておこう。家族機能の外部化とは人間の生産への家族のかかわり方が少なくなることを意味する。しかし，家族

機能の「外部化」をめぐって触れたように，かかわり方が活動よりも金銭面に片寄っている家族が現在の家族には相対的に多いのである。そして，かかわり方の違いによって人間の生産が異なることになる。損得勘定という金銭面を重視する人間か，かならずしも損得に結びつかない活動や関係を重視する人間か，いずれかに片寄った人間が生産されるかということである。

　生活の共存における結合のあり方については，ごく一般的には2つの軸が考えられる。1つはゲマインシャフトとゲゼルシャフト，もう1つは権威主義的と民主主義的とである。かつては家族は地域とともにゲマインシャフトの典型（あるいは原型）と考えられていたが，「個人化する家族」という面の進展とともにそれだけではなくなってきており，両者の程度が問われることになってきている。[9] 後者については，権威主義的な結合のあり方としての家父長的性格をもつ「家」制度のもとでの家族，そして変質した家父長的性格をもつ「近代家族」を想起すればよいであろう。

　ここまでくると，変化が見えてくると同時に変化しない面も当然見えてくるであろう。すなわち，個人化に典型的に見られるように，変化は近代化の進展によるものであるのにたいして，家父長的性格は現れ方が違っても，未だに変化しない面であり，この変化しない面は社会的条件のもとでの日常生活において民主化が進展しない（後退も含む）ことによるものである。したがって，家族の現在を変化と継続という点から見るということは，近代化と民主化という2つの座標軸から見ることを意味する。2つの座標軸から見ると家族論がどのように見えるかという例を1つだけ挙げておこう。それは「常識的」家族意識や不安・幸せ感，そして家族解体論や単純な近代家族批判，そして逆に手放しの近代家族肯定論である。そこには近代化＝民主化という1つの軸しかない（あるいは民主化そのものがない）ので，近代化の中身としての民主と非民主が見えてこないことになる。

② 家族の現在の見方をめぐって

　家族の現在の見方としては，誤解をおそれずに言うならば，「家族の危機」をどのように見るかを示すことに尽きると考える。上に指摘した近代化と民主

化という2つの点から見るならば，それぞれを以下のようにおさえることができる。家族の危機については，家族が平穏無事であるという見方を除外するといくつかの見方があるが，大きく分けると，伝統的家族の危機，近代家族の危機，家族の存在そのものの危機の3つの立場がある。これに加えて，表現の仕方には違いがあるが，「問題状況」としての危機という見方をも挙げる必要がある。危機説のすべてがそのような表現を使っているわけではなく，とりわけ伝統的家族の危機ではそのような表現はほとんど使われていないが，見方がそうなっている，あるいは，そのような家族を家族のあるべき姿としているということである。この点では近代家族の危機についても同様であり，それぞれの危機説は次のように解読される。

　伝統的家族の危機という立場は，極端な保守的懐古的なものを除いては「家」制度の復活を意図するものではない。しかし，旧い意味でのゲマインシャフトの喪失とそれによる権威主義的関係＝「家族の秩序」（反民主を意味する）の喪失動向を家族の危機とする見方を意味する。近代家族の危機という立場は，いわゆる家族の多様化動向にたいして，核家族と近代的家父長制の危機と見るものであり，近代化動向のなかの個人化（民主主義の自由の面）にのみ焦点を当てたものであり，民主主義をめぐっての近代が内包する矛盾への視点が欠落していることを意味する。家族の存在そのものの危機という見方は，家族についての特定のイメージにもとづいて個人化や多様化動向が家族の存在あるいは主観的に想定された「家族秩序」を一般的にはおびやかすものという幻想的性格のものであることを意味する。

　家族の危機について言えば，私が「休火山的問題状況」というネーミングによって示したことを意味するが，家族の本質に照らすならば，人間の生産に全面的にかかわらなくなったこと，生活での共存が希薄になったこと，にもかかわらず家族生活が営まれているところに家族の危機がある。ほぼ同質の見方としては，「潜在的家庭崩壊」「エロスの喪失状況」「家庭のない家族」など，すでに触れた見方を想起すればよいであろう。より具体的に言えば，近代の負の面に片寄った人間が客観的には生産され続けるような家族の状況を意味する。

### ③ 岐路に立つ日本の家族

以上の検討によって確認される家族の現在の問題性と課題は多岐にわたっているかに見えるが，それらをふまえて家族の行方にかかわるという意味での家族の現在については次のように整理したい。

第一には，家族構成における多様化が意識の上ではかなり進みはじめており，現実にはゆっくりと進む兆しを見せている。いわゆるシングル志向，夫婦別姓，核家族形態以外の志向などがその例である。この動向については，単純に多様化の進展とみなすのは早計であり，意識の上での進展が現実化するかどうかが問われていることを意味する。

第二には，家族関係（親子関係と夫婦関係）において相互の絆が希薄になっていること，つまり結びつきが定かでない状況が進行していることである。ファミリィアイデンティティのズレの問題，高齢化問題，主婦問題などについてはそれぞれが（すべてではないが）かかわっていることを指摘することができる。これをめぐって問われているのは，さらに進展するのかそれともかつての権威主義的でない新しい関係として回復するのかということであり，日本人ひとりひとりの生き方が問われているという状況にほかならない。

第三には，社会とのかかわりで，現在志向されている家族政策が想定している家族像にたいして，そのような家族像を求める社会のあり方に受動的に適応していく家族を受容する方向なのか，それとも社会のあり方とはかかわりなしに個別的に自由な家族形成の方向を探るのか，あるいは自由な家族形成にふさわしい家族政策が可能になるような社会のあり方を求めていく能動的な家族創造の方向なのか[10]，という〈人間が歴史・社会をつくる〉という民主主義のあり方が問われている。

家族政策の検討の際に若干は示唆しているが，これまでに確認した意味での「家族の危機」については，家族のあるべき姿を具体的に想定して考えるのではなく，私のこれまでの論調からおおよそわかるであろうが，普遍的価値である民主主義——その具体的内容については論議が必要であろう——という視点から考えることによって，家族の現在に提起されていることを最終的には次の

ようにまとめることができる。まず,〈人間みな平等〉というメルクマールから見ると,大きくは女性,経済,社会的弱者の3つの面で非民主主義であると言える。次に,〈人間が歴史・社会をつくる〉というメルクマールについては,家族生活だけでなく社会生活のほとんどの分野で民主主義の未成熟を見てとることができる。しかし,上に指摘した3つの現在には,民主主義を前進させる契機も出てきていることを意味するものであり,この意味においては岐路に立つ現代日本の家族に私たちは直面している。

## 2 家族生活の行方について考える

### ▼家族の行方の論じ方

家族の行方について論じることは,現在では避けて通ることができない家族論のテーマである。では,家族の行方についてどのように考えたらよいのであろうか。ここでは,〈これからの家族はどうなるのか〉というかたちで課題提起をしないところに注意してほしい。家族生活の行方という場合には,これまでは2つの論じ方がされていたと思う。1つは,家族の未来の予測という仕方である。この場合には,家族の変化動向の分析にもとづいてその延長線上に近未来を予測する仕方が採用されるのであるが,変化動向をどのように分析するかによって,未来像が違ってくることになる。これに加えていくつかの方向あるいは具体的提言を示すというケースもある。もう1つは,当為としての論じ方である。この論じ方には家族あるいは人間の主体性が加わる。したがって,変化動向の見方にもいろいろな運動という主体的動きが重視されていると一応は言えるであろうが,考え方を変えるという提言もある。いずれの論じ方も全面的に誤りではなくて,家族の行方を論じるにあたっての必要と思われる要素を一定程度はそなえている。しかしながら,前者については現実認識においてすぐれているが,未来を展望するにあたっての〈歴史・社会をつくる〉という人間の主体性(とりわけ論者自身の)の位置づけが乏しいという弱点がある。後者については,〈人間みな平等〉ということに反する現実の問題告発と主体

終章　現代家族生活の展望　159

性にたいする視点はそなえているが，そのような現実をもたらすあるいは存続する現実的条件の認識（＝家族の現在のトータルな認識）と解消へのプロセス＝条件づくりの道筋にかんする論及についての弱点を指摘することができる。では家族論としてはどのように考えるか。

　当為を軸にして現実認識を従にするという論理で家族の行方について組み立てるというのが，家族の未来を展望するにあたっての私の最終的な主張である。きわめて簡単に表現したが，ここで大事なことは，「当為を軸にすること」あるいは「当為」を具体的にはどのようにおさえるかということと，「現実認識を従にすること」の意味，とりわけ当為との関連での意味をおさえることが，家族論として家族の行方を考えるにあたっては決定的に重要である。当為という場合には，すでに繰り返し述べている意味での民主主義を基本にすえながらも，家族のあり方の理念を具体的に示して，それ以外は正しくないというかたちでの当為ではない。もし，そのような表現が許されるとすれば「当為の相対化」というのが私の家族論の基礎である。これについては，別の著作で若干述べているのであるが[11]，「当為の相対化」という意味についてまず確認することにしよう。

　当為とは一般には「……すべきである」とか「……であるべきである」というかたちで理解されている。その場合の当為とはかなり絶対的な意味をもっているはずであるが，私の主張はそれを絶対化しないということである。具体例として家族構成について言えば，いわゆる近代家族としての夫婦家族を絶対化しないが，そのようなあり方を否定もしないこと，家族の役割分担で言えば，「男は外，女は内」という性役割分業の固定化には反対であるが，そのような家族のあり方をも否定しないこと，がそうである。その意味では家族の諸側面のあり方は現実的にはいろいろなあり方が可能である。しかし，家族関係とりわけ家族社会学では勢力構造（あるいは権威構造）と言われているものについては，個々の家族＝夫婦で現実的には存在するとしても，夫優位型や妻優位型などは民主主義の視点からは一般的には否定される存在であろう。ただしその場合にも両者の了解による個別的ケースについては当事者の自由に委ねられる

ことになる。ずいぶん無責任であいまいな主張のように受けとめられるかもしれないが，さきに取り上げた戦後50年の総括にもとづく諸見解を考慮するならば，家族の現在について共通した見方は画一化と多様化の両方であり，家族の「問題状況」の根源は多くの家族がそのような現実に意識的にも実践的にも適切に対応（したくても）できないところにある。

　もう1つの「現実認識を従にする」ということは，家族論の課題設定においてそうであるという意味であり，当為にしたがって現実認識をするという意味では絶対にない。別な表現を使えば，家族論が正確な現実認識を示すだけで終わるのではなくて，正確な現実認識を当為の可能性を現実化するための根拠として不可欠なものとして位置づけることを意味する。したがって，望ましい方向やそのための諸要素のあり方，たとえば生活態度・地域・教育・社会福祉・企業などのあり方の提言にとどまるのではなく，現実化のための道筋，具体的には家族生活にたいする制約・障碍とそれとのかかわりでの主体形成への着目が現実認識にとっては重要である。一般的に言えば，社会，生活における民主主義のプリンシプルの実質化とそのための具体的条件への論及である。

## ▼現実的条件への着目

　家族の行方を考えるにあたっては，これまでの変化動向を見定めることも家族あるいは人間の主体性を重視することもいずれも必要である。さらに言えば，変化動向を見定めるにあたっては，家族の能動性という視点を入れる必要があるということにほかならない。問題はこの「能動性」というものをどのようなものとするかにある。これまでは，典型的には女性解放運動や女性解放思想の主張の流れにあるように，ある程度組織化された運動に着目されることがほとんどであったように思われる。私はそのような運動をいささかも否定するものではないが，これまでの運動や運動についての考え方は，家族の能動性ではなくて諸個人の能動性というレベルのものであったと言えよう[12]。したがって，ここでは運動のあり方を背後におきながらも，家族の能動性が創られるあるいは発揮できるような条件という考え方によって，社会の物質的条件と意識的条

件に着目することが、これからの家族の行方にとっては決定的に重要であることを主張したい。この2つの条件が現在どうであるかということ、そして民主主義に照らしてどのような方向が具体的に求められるかということが基本的な着目の仕方である。

① 物質的条件

物質的条件というと、収入が一定程度確保されていることと単純に思いがちである。しかし、物質的条件とは、試論的に提示した生活構造の見方をも考慮すると、生活費としての経済的条件、生活時間と生活空間という条件、そしてそれらを制約する制度的・政策的条件の総体である。そして、大きくはそのような条件が可能な全体社会の具体的あり方そのものもまた問われることになる。というのは、家族の現在と行方について考えるにあたってはそこまでを射程に入れない主張は、それらの諸条件の個別的な提起にとどまることによって、論理的・客観的には単なる願望に終わる可能性が強いからである。

これらの諸条件のあり方は、〈人間みな平等〉という民主主義に結びつく性格のものであり、私はこれを「状態としての民主主義」と呼ぼうと思う。これの全面的展開は「現代生活論」になるので、いくつか具体例を挙げておくにとどめる。経済的条件については主として経済学に依拠した家計分析がなされているが、制度・政策を射程に入れるならば、「生活の社会化」の進展に照応して非消費支出の分析を内部分析にとどめない方向が必要である。この点については、江口英一らの分析が重要な示唆を与えていると思われる。すなわち、家計そのものの「社会化」という見方とそれと具体的にかかわっての利子生み資本の家計への侵入という指摘である。[13] 家族の最大の焦点としての女性の社会的差別は制度・政策と社会のあり方の具体的検討抜きではかけ声にとどまるであろう。多くの論者がほぼ共通して挙げている高齢者問題や子どもの生育問題についても同じことが言える。

ところで、これまでに挙げたいろいろな家族論は、現代日本の家族の具体的な変化と問題点について、私とは比較にならないほど詳しく認識している例がかなりある。しかし、家族の行方という問題になるととたんに切れ味が弱くな

る。それには，繰り返しになるが，2つの弱点（あるいはタイプ）があることを指摘することができる。1つは，変化動向からの予測にとどまっていることである。予測にとどまっているかぎりは，極端に言えば「神のみぞ知る」ということになる。もう1つは，問題解決についての提起の仕方にある。それらの提起あるいは提言は，現実的諸条件を視野にいれなければおそらく間違ってはいないであろう。しかし，家族の行方にかかわって問題解決が求められているのは，そのような提言がいかにして現実化するかということにほかならない。したがって，上に示した「状態としての民主主義」を誰がどのように追求するかということに結びついてのみ，現実化の方向としての意味をもつことになる。この問題については，これまでは運動論あるいはイデオロギーのレベルで論じられることが相対的に多かったのであるが，私は，意識的条件として考えると同時にそれと物質的条件との結合としての共同性という見方が，現代家族論にとっては，家族の行方を考える方向であることを主張したい。

② 意識的条件

意識というといわゆる意識調査・世論調査に現れる結果がただちに想起されるであろうが，それらは意識的条件の一部分にすぎない。もう1つ想起されるものとしてはイデオロギーとりわけ革新的と言われているイデオロギーがあるが，これも意識的条件の一部分であることが多い。私は上の2つと概念的に区別する意味で意識的条件という表現を使うものである。前者について具体例で考えてみよう。大学のゼミの学生に固定的性役割分業について賛否を問えばほとんどが反対を表明する。そこで結婚後の具体的生活についてたずねると，帰宅した時には電灯がついていて夕食ができていて風呂が沸いている生活がいいと答える男子学生が圧倒的に多い。ひとりの学生が「僕は違う」と言うのでさらにたずねると「料理が好きだからだ」と言う。この学生は家事とは料理だけだと思っているらしい。かれらが個人的に望んでいる家族生活は，配偶者である女性が家事・子育てを主に担うという性役割分業を前提してのみ成り立つのである。つまり，両性の平等についての意識的条件が乏しいという例であり，重要なことは人が日々の生活でどのように活動するかが意識的条件の具体的現

終章　現代家族生活の展望　163

れなのである。よくある具体例をさらに加えよう。講演会などでよい話を聞いたとしよう。そこには望ましい考え方や生き方がいろいろと話されたはずである。その場合，考え方については，一般論は賛成だが自分の場合には適用しないというのが多いのである。学歴社会，学習塾通いには一般的には反対，しかし自分の子どもは学習塾へ通わせる。これが意識的条件の1つの面である。

　もう1つの面は後者に多いのではないだろうか。自分の場合にも適用したいと一応は意識にあるが実際には適用しないということである。ごく些細な日常生活について具体例で考えてみると，外では革新的あるいは民主的な姿勢で話したり運動などにも加わっているが，家庭では家事・子育てをほとんどしない，あるいは言葉ではなくて行動においてきわめて権威主義的夫であるという例である。さらに例を加えると，社会・政府の非民主あるいは反民主と思われることには批判的見解をもっており話題にもするが，具体的な活動としては何の反応も示さないということである。

　「意識」ではあるが意識的条件とは言いがたい例について指摘したので，上の2つと区別される意識的条件についてまとめておこう。意識的条件とは人間生活（ここでは家族生活）の日常性に根付いているものであり，半ば習慣化されたような人間的活動そのものなのである。実際の家族生活での役割分担がある程度固定化していたとしても，手が空いていたら食事のあとかたづけを自然にしてしまう，妻が体調が悪そうに見えれば，これまた自然に家事を普段よりは多く引き受けるなど，これが意識的条件の具体的現れなのである。個人の活動レベルで述べてきたが，意識的条件とはそれらが社会的レベルで形成されることを意味する。

　このような意識的条件は〈人間が歴史・社会をつくる〉という民主主義に結びつくものであり，私はこれを「活動としての民主主義」と呼ぼうと思う。

　③　共同性の追求

　家族の行方について考えるにあたっての2つの現実的条件について確認したが，この条件の確認だけでは，制度・政策への提言と考え方を変えようという主張の域を大きくは出ないことになる。そこでそれらの現実化の道筋として日

常生活(家族生活と読め)のレベルにかぎって方向を示すことにしたい。物質的条件と意識的条件は論理的には別々に考えられるが,現実的には相互に不可分の関係にある。そしてこの2つを結びつけるキーワードが〈共同性〉であるというのが,私の基本的な考え方にほかならない。

　〈共同性〉という表現はあるいは陳腐で使い古された決まり文句に受け取られるかもしれない。しかし,古い革袋に新しい酒を！　日常生活に引きつけて言えば,簡単にできそうなこと,あるいはしたいことを一緒にするということは,そんなに努力しなくても誰でもできるはずであり,自由な家族創造の第一歩はそこからはじまる。具体例を1つだけ挙げて現代日本家族論としての私の主張を終えようと思う。

　私立大学での父母懇談会が多くなったこの頃である。ある春の懇談会で,大学についての簡単な知識もほとんどない母親,「長い間息子との会話がほとんどありません,息子と何を話し合ったらいいかさっぱりわかりません。先生どうしたらいいでしょうか」,私は「さしあたり,ゼミの先生の名前をたずねて,ついでにどんな先生か聞いてみることからはじめたらどうでしょうか」。秋の懇談会で,その母親は「先生,話が通じました」とうれしそうに報告する。その後,卒業後の進路問題まで話し合うようになったそうだが,コミュニケーションも一緒に何かをする〈共同性〉の創出以外のなにものでもない。

## 3　理論はやはり大事

### ▼理論について

　家族の行方を考えるにあたって,願望や理念にもとづく家族論を頭から否定するつもりは毛頭ないのである。それ自体は意識的条件を形成・前進させる要件となることもあるが,逆に混乱をもたらす場合もあり得る。そこで論理一貫した理論あるいは方法論が重要になる。理論,方法論というと何か難解なものに受け取られがちであるが,筋が通っているということと概念的確認が具体的現実とかけ離れていないということである。そこで理論の大事さそのものにつ

終章　現代家族生活の展望　165

いて導入として若干具体的に示すことを通して，理論が曖昧な場合にはどうなるかということを具体的に考えてみよう。

　自由な家族形成，個人の自立，そのような社会システムという主張が多くなってきているこの頃である。民主主義を機軸として考えるならば，その主張は意味のある主張であることは否定できないであろう。しかし，そのような主張の展開が筋が通っていて現実とかけ離れていないと言えるかどうか，これが理論問題なのである。上のような主張は女性論と結びついてなされる場合が多い。女性の社会的差別の解消にとっての理念として，私はそのような主張そのものを否定はしないし，自由な家族形成と個人の自立については私自身もすでに主張している。しかし，そのような主張が家族の現実と家族のあり方との関連で「理論的に」きちんと展開されているかどうかは別問題である。肝心なのは，理念の現実化への方向を具体的に提示することである。

　この問題については，個人，家族，社会の関連の前提的な確認から出発することが肝要である。そうでないと，論者の主観的意図に反して論議が錯綜することになりかねない。まずは，家族が人間諸個人と社会にとってなぜ必要かということ，したがって家族とは何だろうということを確認しよう。家族とは，人間としての子どもを産み育てること，およびその営みによって成人もまた人間として発展することといった人間生活にとっては基底的な存在つまり日常生活の単位である。ここで「人間として」とは，これまですでに繰り返し述べてきた民主主義的人間像と考えてよいであろう。そしてこのような家族に代わるものはまだ存在しないので，もし家族無用論を主張するならば，そのような家族に代わるものを具体的に提起する必要がある。これが前提的確認である。

　そうすると次に，現代日本の家族が実際にそのような存在であるかどうか，そうでないとしたら，どんな諸要件（主体的・客観的）によるものなのかというかたちで問題を立てる必要があると考える。家族生活を安定的に維持・発展させるにはいくつかの要件が必要である。生活資料の確保という要件は当然のこととして特に説明は要らないであろう。次に家事・子育てといった家族内活動が必要である。これもまた私たち大部分の日常的な体験から簡単に了解する

ことができるはずである。そして日常的な相互のコミュニケションを含む協同活動がこれに加わる。この3つの活動が継続的に営まれているのが家族であって，そうでないならば，宿泊施設・託児施設・その他類似の施設に過ぎないであろう。そのような家族がどんな構成であるかとか，どんな関係であるかとか，それらの活動を誰が引き受けるかとかといったことは，理論的には次の問題である。

　上のような確認にもとづくならば家族を理論的に捉えて未来を展望するにあたっては，家族構成，家族関係，家族内活動の3つのあり方を，理念と現実との関連で考えることが大事である。ここでは，家族の多様化という論議の焦点にもなっている家族構成にしぼって示すことによって理論的思惟の大事さを具体的に喚起したい。家族構成については，夫婦家族としての「近代家族」を前提とする考え方とそれを前提とした法制度に対する異議申し立てが考え方でも実生活でも出てきている。しかし，法制度だけでなく意識的条件でも「近代家族」はいまだに支配的な現状にある。これを打破しようとする主張は多様でかなり錯綜しているので，相対的に多いと思われる主張として，個人とりわけ女性の自立の必要性，そのためには個人単位の「社会システム」を目指すという主張について具体的に指摘したい。

　個人の自立を阻むものが日本社会のあり方と家族のあり方であることは確かだが，上の主張は飛躍した思惟であり，しかも概念が曖昧である。現在の日本社会では，家族単位の「社会システム」になっているのではなくて，「夫婦家族単位の法制度」になっていることを確認する必要がある（法制度＝社会システムではない）。個人単位の法制度を目指すという主張であればともかくとして，個人単位の「社会システム」という主張をする場合には，日常生活の単位としての家族を否定するのかしないのか，否定しないならば，個人単位の「社会システム」とはいかなるものかを家族との関連で具体的に提示することが要請される。「夫婦家族単位の法制度」に問題ありとすれば，「個人単位の法制度」の方向への道の第1歩は現実的に見えている。私の見解は，ずばり「夫婦別姓」への法改正である。法制度でも支配的な意識でも＜近代家族＝家族＞で

あるという現実のもとでは,「個人単位の法制度」にもとづく自由な家族形成の追求と,その第1歩であると私が考える「夫婦別姓」の実現を具体的に結びつける思惟が理論あるいは方法論なのである。[14)]

## ▼理論的に何が大事か

　最後に,理論的な思惟にとって大事だと思われることを簡単に整理して,本書の論考を結ぼうと思う。「全体としての家族生活」を考えるために理論的に大事なことは,社会のあり方を射程に入れること,個人の視点しかも男性・女性・子ども・老人という属性の違いも含めた視点をもそなえること,そして社会,家族,個人の相互関係という視点を持つこと,そのような視点から具体的現実との往復を繰り返すことによって現在と未来の家族生活を組み立てることが大事であることを繰り返し強調したい。

　そこで「全体としての家族生活」の現在と未来を考える家族論にとっては,このような射程をもつと同時に民主主義の2つのメルクマールの実質化を追求することが,家族論の現段階には求められているという提起を繰り返し強調したい。その場合には,それら必要な諸要素を統合して家族論を構築するためには,それが可能であるような理論が要請されるであろう。そこで,以上の全考察を念頭において理論的視角のエッセンスを提示するとともに,これからの具体的課題を提起して私の現代日本家族論のさしあたりの区切りとしたい。

　まずもっとも肝要なこととしては家族を考えるにあたっての基本視角を確定することである。それは家族の本質を確認することにほかならないが,これまでも時々は指摘しているように,社会,家族,個人の3つの関係を射程に入れて確認することが,家族について考えるにあたっての基本視角となる。これまでの家族論では,これら3つの関係がばらばらであったり一面的であったりすることが多かったのである。このことは,不充分ながらもこれまでの家族論の検討のなかで示されているはずである。とりわけ新しい動向では,個人にとっての家族がクローズアップされていることが多いが,社会にとっての家族という視角が欠落している家族論が多く,社会が射程にある場合は基本視角ではな

くて家族を現実に制約する社会という一面的な位置づけにとどまっている場合が多い。

次いで，その基本視角にもとづいて具体的現実に迫るにあたっての応用視角を整備していくことである。応用視角とは，基本視角で確認された3つの関係，〈社会―家族〉関係，〈家族―個人〉関係，〈社会―個人〉関係について，具体的現実の性格と変化に応じて理論化することである。そのすべてにわたって詳細に展開することはこれからの課題とすることにして，例示として，〈社会―家族〉関係についての理論化の方向だけを簡単に提示しておこう。

現代日本家族論としては，当然に現代日本社会と現代家族との関係の展開ということになるが，具体的には「近代社会」と「近代家族」が理論化にあたっての基本概念になる。その場合，社会については，経済・政治・文化・そしてさまざまな集団などにおける近代をいかに問うか，家族については，家族構成・家族関係・家族機能などにおける近代をいかに問うか，というかたちで理論化が目指されることになる。

第三には，現状分析，これについては不充分ながらも第2章で試みたように，歴史的変化の把握にもとづく現状分析であることを強調したい。この論考では，戦後50年の範囲にとどまっているが，実際に記述するかどうかはともかくとして，歴史を遡れば遡るほどより望ましいことは言うまでもないであろう。

そして最後に，家族，個人，社会の3つのあり方の望ましい方向をその現実化のための諸条件と道筋を提起していくことであるが，明確な概念による組み立てがぜひとも必要である。その場合に，2つのメルクマールを基本とした民主主義という視点を導入することは言うまでもないが，個人に焦点を当てるならば，〈自由〉もまた新たに甦るであろう。

はじめに述べたように，現代家族論は確かにおもしろい。しかし，最後に青写真的に提示したものを具体的に構築すること，ましてやそれを習慣的に実践することは，質的に高められたおもしろさがあるとは言え，困難な長い道のりであろう。しかし，マルクスは次のように述べている。

「学問にとっては平坦の大道はない，そしてその険阻な小径をよじのぼるに

疲れることを厭わない人々のみが，ひとりその輝ける絶頂に到達する幸せをもつのである」

**註**
1) 『家族社会学研究』誌とは，1968年の家族社会学セミナーが成立，1992年に日本家族社会学会に発展した組織の学術誌であり，そこに掲載されている諸論文等が日本の家族社会学界の動向を網羅的に示しているという意味でとりあげた。
2) 篠崎正美「現代家族の変動をどうとらえるか」家族社会学セミナー編『家族社会学研究』 第3号 1991年 7ページ
3) そのような性格のものは本文で取り上げるもの以外にも，木田淳子『家族論の地平を拓く』（あゆみ出版 1994年），田村健二監修『家族―21世紀へ向けて―』（中央法規出版 1995年），篠塚英子『女性と家族』（読売新聞社 1995年）袖井孝子・鹿嶋敬共編『明日の家族』（中央法規出版 1995）などがある。
4) 戦後日本の家族のそのような見方にはほぼ同意するが，アリエスの援用については，日本にそのまま適用できるかどうかについては疑問が残る。専門的に研究していないので疑問として提起しておくと，例えば，日本の浮世絵に描かれている子どもの顔は，アリエスがヨーロッパについて指摘したものとは違って，大人とは同じではない子どもの顔になっているという事実からは，日本の前近代についてどのように説明できるだろうか。
5) 副題の見方を軸として，例えば，家族と子どもの数，家族の幸せ，近代家族の規範，その他さまざまな面から家族についての一般的常識＝神話をくつがえすという展開になっているので，それらについては全面的にしかも簡潔に整理することがむずかしいとともに誤って伝えるおそれがあるという意味である。
6) ここでは理論的にはかならずしも同じ立場にはない執筆者19人によるものであるという指摘で充分であろう。
7) すぐあとの本文で述べている「当為」と「現実認識」の関係についての考えにもとづく。
8) この定義についてのやや詳しい説明は，拙著『家族と家庭』（学文社 1994年）47～52ページにあるが，基本的着想は人類社会生成の論理と家族の起源について追求することによるものであり，これについては，拙著『家族の社会学』『家族社会学の基本問題』（ミネルヴァ書房 1976年，1985年）参照。
9) ゲマインシャフトとは関係が所与のものとしてあるのにたいして，ゲゼルシャフトとは活動の結果として関係が形成されることを意味するが，ゲマインシャフトはさらに高次のものとして形成され得るものとしての性格をも合わせ持っている。これまで一般的に理解されている意味とは異なるので拙著『テンニース研究』（ミネルヴァ書房 1991年）参照。

10) 家族と社会との関係については，家族の受動性，相対的独自性，能動性の3つの点から捉える必要があるというのが私のであり，詳しくは拙著『家族と家庭』192～197ページ。
11) 拙著　同上書　85～86ページ
12) 森岡清美は，「都市的社会と住民運動」という項目で新しい〈家連合〉というかたちで家族の能動性に言及している数少ない例である。前掲　森岡清美・望月嵩共著『新しい家族社会学』182～184ページ。
13) 江口英一・相沢与一編『現代の生活と「社会化」』（労働旬報社　1986年）76～90ページ
14) 自由な家族形成という見解が多くなっており，私自身もあるべき方向としては，予想される具体的な家族構成をも含めて，1994年にすでに提示している。しかし，「夫婦単位の法制度」しかも夫婦同姓の法制度は依然として存続しており，それ以外の「家族」は家族とは認められていない。「夫婦別姓」についての「答申」が出てからすでに久しいが，最近ではそれにたいする論議・要請が下火になっているという感さえある。このような「わずかな変更」すらもその現実化が客観的にはむずかしい現実のもとでは，「個人単位の法制度」にはまだ相当の道のりがある。そのための第1歩を提起したが，現実的によりよい第1歩があればそれぞれが具体的に提起をすることこそが，理念止まり，「かけ声」止まりに終わらない発想であろう。

# あとがき

　これまでの著書では,〈まえがき〉か〈あとがき〉かのどちらか片方を書いていたが,今回は〈まえがき〉と〈あとがき〉の両方を書くという異例なものになった。というのは,本書の執筆の狙いが変わったわけではなく,展開の骨格は執筆前の構想とほぼ同じであるが,書き進めていくうちに内容にかなりの変更をしたくなってきたからである。それはここ半年ばかりの日本社会の民主主義に強くかかわる出来事が私に響いてきたからであろうと思われる。
　民主主義にかかわる重要な出来事として私に響いてきたのは,「オウム」,「沖縄」,「住専」,「エイズ」の4つである。そのいずれもが戦後日本の民主主義の展開と深くかかわっていると思われるからである。つまり,民主主義の具体的なあり方が,社会・国家レベル,組織・集団レベル,そして個人レベルのすべてにわたって,いまほど問われている時期はないということにほかならない。しかもこの3つのレベルをすべて射程に入れて社会的現実を考えることは社会学の学問的性格そのものなのであり,家族を考える場合にはとりわけ大事である。なぜならば,家族生活は日常性そのものであり,その日常性にしたがって基本的につくられる日本人のあり方が日本におけるさまざまなレベルでの民主主義の状態そのものにほかならないからである。
　そのような意図を抱きはじめた私にとって,2つの個人的な出来事がかなり厳しい執筆状況をもたらすことになった。本書ははじめは共著として構想されたのであるが,残念ながら諸般の事情によりひとりで書下すことになった。言うなれば,「駅伝」で襷を渡す相手が急にいなくなって,ひとりで継続して走るような状況に陥っての執筆であった。もう1つは,2月に手術のため入院したことである。簡単な手術だったので短い期間の入院で済ますことができた。しかし,手術であることには変わりがなく,もともと健康であるためか,体力は順調に回復していったが,気力の回復がそれにともなわないことに気づいた。

これには特効薬がないので執筆活動によるのがベターであろうと考えたこと，3週間あまりのブランクはやはり大きいと痛感したことによって，2月下旬から4月中旬にかけて睡眠時間を減らすなどの無理をしながらの仕事への集中という非人間的な生活，当然に疲労が蓄積されていった。

体調の悪さを自覚するほどの疲労感のなかで，私は「人間」に戻りはじめた。つまり，人間の生活としての貧しさ，とりわけ生活時間と生活空間についての貧しさを強烈に意識したのである。生活構造のアンバランスという見方を軸として，現代日本の生活の貧しさ・人間性の危機の進行について主張し続けている自分自身の人間性が喪失するとしたならば，私の主張は観念的に頭で作り上げたものにすぎないことになる。

仕事は継続するにしても，4月下旬から2週間ばかり「忙中閑あり」ではなく「閑中忙あり」の生活に思い切って切り替えることにした。そんな時だけは京都は実にいい街である。加茂川岸のしだれ桜の下を散歩した。御室の桜の満開時に仁和寺へ行き，腰よりも下の桜花のかすかな香りを味わった。京都らしい町並みの1つである寺町通りを散歩して古道具屋などをのぞいたりした。サウナのプールで退院後はじめて泳いでみた。心身が次第にリフレッシュしていくという実感がともなうものであった。

5月3日には，憲法学者の呼びかけによる「憲法を考える会」という集会に参加した。民主主義についての感覚をより豊かにしようと思ったからである。私にとっては，「憲法を考える」とは「民主主義を考える」と同じ意味なのであるが，残念ながら，民主主義については報告にもフロアからの発言にもなかったので，そんなところではほとんど発言しない私がフロアからの発言として民主主義について若干の問題提起をした。

そのような日々もすごしながら，執筆を終えたいま，民主主義について論じるには家族社会学や家族論だけでは不充分であると感じている。より具体的に言えば，生活論を経て日本社会論への射程を痛感するとともに，「社会理論」ではない社会学理論の彫琢の必要性も合わせて痛感している。

本文には書かなかったが，生活構造論を軸とした家族・地域・教育の相互関

係をトータルに捉える理論と現実認識の彫琢がこれからの私の具体的な課題になるであろう。などと頭に浮ぶままに書いたが，出版事情の厳しさのなかでの自由な執筆を快諾して下さった学文社の田中千津子さんへの感謝の気持ちは，「心からお礼を申し上げる」という表現では言い尽くせないのではあるが，やはり，心からお礼を申し上げるとともに学文社の一層の発展を祈りあげたいと思っている。

　　　　　　　　　　　　蛙が一斉に鳴く初夏の夜に（1996年6月）

　　　　　　　　　　　　　　　　　　　　　　　　　飯田　哲也

# 事項索引

## ア 行

アグネス論争　24, 25
アソシエーション　144, 146
新しい社会問題　49
新しい貧困　49
アメリカ占領軍　35, 36
アンチ冠つきフェミニズム　130
安保体制　44
「家」制度　21, 36, 40, 42, 65, 112, 134, 155, 156
「家」制度の廃止　72, 142
「家」制度復活論　66
「イエ・ムラ」論　93
維持可能な開発　56
意識的条件　37, 51, 68, 89, 162
エコロジカル・フェミニズム　129, 145
ＭＥ化　58
エリア・スタディ　95
エロス　140
エロス的共同体　138
夫論争　24
思いやり予算　44

## カ 行

階級支配　129, 136
階層間格差　120
階層的視点　31
価格差補給　38
核家族　2, 109, 156
核家族化　4, 27, 46
核家族適合論　87
核家族論　27, 74, 77, 105, 107, 110, 113
家計構造　46
家事労働　31, 81
家族意識　9
家族解体　21, 28, 108
家族関係　29, 33, 140, 154, 157
家族機能　29, 33, 58, 110, 140, 154
家族機能の外部化　57, 82, 154
家族構成　29, 33, 45, 154, 157
家族社会学の危機　149
家族周期論　92
家族政策　40, 52, 64, 114, 141, 152, 157
家族制度イデオロギー　74
家族多様化説　149
家族内緊張　76
家族のあり方　140
家族の危機　5, 21, 32, 60, 64, 107, 121, 141, 155, 157
家族の空洞化　98
家族の時代　122
家族の受動性　7, 11, 33, 68
家族の相対的独自性　7, 11, 33, 68
家族の定義　29, 154
家族の能動性　7, 11, 33, 68, 160
家族の本質　154, 165
家族の行方　3, 158
家族発達　106
家族変動論　90
家族崩壊　21
家族否定論　2, 61, 109
家族病理　60, 87, 121
家族未来論　95
家族無用論　15, 82

家族問題　10, 60, 87, 108, 121, 141
家族論の氾濫　5
価値選択　51
活動としての民主主義　163
家庭重視論　80
家庭創造論　95
家庭内離婚　6
家父長制　42
家父長的家族　66
過労死　79
関係的視点　8
飢餓的状況　39
企業中心社会　124
既婚シングル　6
寄宿舎制度　69
寄生地主　36
休火山的問題状況　63, 89, 156
旧憲法　41
教育基本法　36
共同性の追求　163
協力社会　123
近代化　43, 53, 135, 155
近代家族　2, 9, 21, 30, 83, 105, 108, 130, 134, 152, 165
近代家族の終焉　2
近代家族のゆらぎ　2
近代家族パラダイム　105, 134, 150, 152
近代社会　117, 152, 165
近代的市民　37
経済的貧困問題　39, 40
経済復興政策　38, 78
傾斜生産方式　38
ゲゼルシャフト　155, 167
欠損家族　49
ゲマインシャフト　155, 167
「現代家族論」論　10, 23

構造機能分析　74, 77, 110, 113
高齢化の進展　120
国際化　56
国際家族年　56, 96
国際人権規約　67
国際比較　95
国際婦人年　56, 96
国民生活研究　78
個人化する家族　4, 22, 60
個人的自由　53
戸籍法　42
固定的消費支出　47
固定的性役割分業　42, 47, 120, 162
古典的貧困　49
子どもの権利条約　112
雇用労働　136
婚姻・血縁家族　2, 10, 105, 110

サ　行

財閥　35
サービスの商品化　63
差別・人権問題　57
サンフランシスコ条約　44
ジェンダー　115
児童福祉法　41
資本主義的社会化　47
資本蓄積　38
市民運動　53
社会指標　122
社会主義婦人論　80
社会政策論　78
社会体制　76
社会福祉政策　64
自由主義女性論　115
自由主義フェミニズム　129
集団的特質　33
集団としての家族　84

集団分化　70
主体的活動　62
主婦運動論　80
主婦肯定論　81
主婦の誕生　47, 82
主婦論争　24, 80, 101, 115
住民登録法　42
小家族化　4, 46
状態としての民主主義　161
情報化　56
職場進出論　80
食糧メーデ　39
女子差別撤廃条約　67
女性解放論　115, 116
女性学　15, 96, 115, 127, 131
シングル志向　28, 157
人口の再生産　117
心理的飢餓状態　62
生活意識　55
生活科学調査会　82
生活過程論　92
生活関係　49, 50
生活空間　49, 50
生活構造　49, 50, 61, 94
生活構造論　91
生活時間　49, 50
生活者　91
生活水準　44, 46
生活の空洞化　83
生活の社会化　57, 58, 120, 144, 161
生活費用　49, 50
生活問題　55, 85
性支配　129
制度から友愛へ　9, 52, 77
制度としての家族　84
生産性向上運動　44
成熟社会　55

性役割分業　16, 17, 163
勢力構造　159
世界女性会議　96
世界人権宣言　66
設計社会　123
戦後改革　34, 52
潜在的家庭崩壊　122, 139, 156
全体としての家族生活　1, 3, 12, 19, 120, 141, 150, 164

タ 行

大企業優先　38
男女雇用機会均等法　20
男性中心社会　117
治安維持法　36, 37
地球環境問題　56, 117, 119
伝統的家族　21, 156
天皇制国家　41
天皇制国家イデオロギー　41
当為の相対化　159
独占資本　36, 40
特高警察　37
トレンディ志向　6, 12, 22, 139, 147

ナ 行

納屋制度　69
日本国憲法　41, 88
日本資本主義論争　78
ニューファミリー　32, 70
人間性の危機　63
人間疎外　81
人間の絆　61
農地改革　36

ハ 行

母親大会　53
反近代　135

阪神・淡路大震災　39, 59
評論的家族論　98, 127, 137, 139
ファミリィアイデンティティ　63, 98, 157
夫婦家族　9
夫婦別姓　74, 157
フェミニズム　4, 15, 96, 97, 115, 127, 129, 135
婦人参政権　37
復興金融公庫　38
物質的条件　37, 51, 68, 89, 161
保育所づくり　53
封建遺制　75
暴民デモ　39
ポスト成長期　48, 93, 114
ポスト・フェミニズム　129
ポスト・モダン　54, 135

## マ　行

マイホーム・イデオロギー　114
マルクス主義　111, 129
「マルクス主義」社会科学　136
マルクス主義フェミニズム　129, 136
未来志向性　62
民主化　34, 43, 53, 155
民主主義　10, 52, 72, 83, 118, 123, 153, 157, 166

民族問題　118
問題告発　121
問題状況　51, 139, 152, 160

## ヤ　行

友愛家族　46
豊かな社会　12, 124
余暇問題　79

## ラ　行

ライフコース（論）　28, 94, 121
ライフサイクル（論）　94, 107, 121
ライフスタイル（論）　50, 53, 66, 94, 121
ラディカル・フェミニズム　129
利系家族　4, 22
離婚　28
利子生み資本　161
両性共生論　117
履歴効果　79
歴史人口学　9
歴史的視点　8
老後問題　82
老親扶養三世代家族　66, 144
労働三法　36
労働力の商品化　45, 47
ローマ・クラブ　56

# 人名索引

## ア 行

相沢与一　167
青井和夫　91, 94, 101
青木やよい　145
秋山健二郎　78
浅野富美枝　145
アリエス・P　9, 15, 112, 151, 166
有賀喜左衞門　111
有地亨　151
石垣綾子　80
石原邦雄　100
磯野富士子　80
伊藤雅子　81
岩男寿美子　132
岩城完之　101
上野千鶴子　101, 126, 145
氏原正治郎　78
江口英一　79, 161, 167
江原由美子　96, 102, 129, 145
エンゲルス・F　111
大河内一男　78
大嶋恭二　102
大竹秀男　152
大橋薫　87, 125
小川捷之　102
小川恒子　102
オグバーン・W・F　77
小此木啓吾　100, 138, 146
落合恵美子　151

## カ 行

篭山京　78, 101
鹿嶋敬　166
桂戴作　102
鎌田哲宏　125
鎌田とし子　125
上子武次　83, 100, 101
川島武宣　73, 101
菊池幸子　68
木田淳子　166
喜多野清一　75
黒川昭登　102
小阪修平　98
小浜逸郎　25, 32, 98, 138, 146
小林甫　101
小松満貴子　133, 146
小室加代子　102
小森健吉　96, 102
小山隆　74, 106

## サ 行

斉藤茂男　100
坂西志保　80
四方寿雄　58, 70, 125
四方洋　139
篠崎正美　133, 137, 149, 166
篠塚英子　166
篠原武夫　94
嶋津千利世　80
清水慶子　80
清水民子　11
庄司興吉　94, 101
庄司洋子　125
ショーター・E　9, 15
鈴木栄太郎　92
隅谷三喜男　78
芹沢俊介　99, 102, 138

副田義也　91
袖井孝子　149, 166

## タ 行

高橋均　84
武田京子　81
田中寿美子　80
玉水俊哲　68, 125
田村健二　166
中鉢正美　78, 79, 101
土田英雄　94
戸田貞三　106
利谷信義　69, 142

## ナ 行

中川順子　66, 70, 142, 146
中村好子　102
野久尾徳美　86
野々山久也　11, 149

## ハ 行

橋本宏子　11
バージェス・E・W　9, 77
パーソンズ・T　27, 77, 105, 108, 110
林郁　81
原ひろ子　132
姫岡勤　83, 85, 101
平塚雷鳥　80
福武直　75
福田恒存　80
富士谷あつ子　132
藤林敬三　78
布施晶子　11, 68, 86, 100, 101, 151
布施鉄治　92, 101
細川幹夫　84

## マ 行

正岡寛司　126
増田光吉　125
ますのきよし　99, 139
マッカーサー・D　39
マードック・G・P　27, 77, 90, 105, 107, 108, 110, 125
松原治郎　11, 32, 46, 68, 84
松村祥子　78, 91, 101
円より子　102
マルクス・K　166
光川晴之　87, 101
光信隆夫　126
村上益子　81
目黒依子　11, 100, 132
望月嵩　11, 71, 100, 106, 125, 146, 167
本村汎　11, 125
森岡清美　27, 32, 90, 92, 100, 105, 106, 108, 125, 143, 146, 152, 167

## ヤ 行

山口真　96, 102, 132, 145
山下悦子　145
山田和夫　100
山田昌弘　152
山手茂　68, 85, 88, 100, 101, 125, 132, 142, 145
山根常男　88, 101, 111, 125, 126
山室周平　85, 108, 111, 126
湯沢雍彦　32, 68, 88, 101
横山源之助　78

## ラ 行

ロウントリー・B・S　92
ロック・H・J　77

## ワ　行

渡辺洋三　52, 69, 151

### 著者紹介

**飯田哲也**

1936年　富山県生まれ
1969年　法政大学大学院社会科学研究科
　　　　社会学専攻博士課程満期退学
現　在　立命館大学産業社会学部教授　文学博士
著　書　『家族の社会学』ミネルヴァ書房　1976年
　　　　『家族社会学の基本問題』ミネルヴァ書房　1985年
　　　　『テンニース研究』ミネルヴァ書房　1991年
　　　　『家族と家庭』学文社　1994年
　　　　『現代日本生活論』学文社　1999年
編　著　『都市化と家族の社会学』ミネルヴァ書房　1986年
　　　　『人間性の危機と再生』法律文化社　1988年
　　　　『伝統と新しい波』時潮社　1989年
　　　　『思春期と道徳教育』法律文化社　1990年
　　　　『家族政策と地域政策』多賀出版　1990年
　　　　『応用社会学のすすめ』学文社　2000年

---

第二版　現代日本家族論

1996年9月20日　第一版第一刷発行
2003年4月1日　第二版第二刷発行

　　　　　　　著　者　飯　田　哲　也
　　　　　　　発行所　㈱　学　文　社
　　　　　　　発行者　田　中　千津子

東京都目黒区下目黒3-6-1
〒153-0064　電話（03）3715-1501（代表）　振替00130-9-98842

乱丁・落丁本は，本社にてお取替え致します。　印刷／新灯印刷㈱
定価は，カバー，売上カードに表示してあります。〈検印省略〉

ISBN4-7620-1039-1